INTRODUÇÃO:

No turbilhão do mundo dos negócios, onde a única constante é a mudança, a capacidade de inovar torna-se a bússola que guia as pequenas empresas em direção ao sucesso duradouro. Este livro, "Inovação: A Arte de Transformar Ideias em Valor", é um convite para explorar os territórios inexplorados da criatividade empresarial, desvendando os segredos da inovação e seu papel vital no florescimento de empreendimentos de menor porte.

Imagine um cenário onde cada desafio é uma oportunidade disfarçada, onde a incerteza é recebida de braços abertos como o solo fértil para ideias audaciosas. É nesse ecossistema de inovação que as pequenas empresas não apenas sobrevivem, mas prosperam. Este livro é um guia de navegação, oferecendo ferramentas, estratégias e inspiração para aqueles que buscam trilhar esse caminho desafiador.

Explorando os Fundamentos da Inovação: Iniciaremos nossa jornada desvendando os fundamentos da inovação, delineando os diferentes tipos e entendendo como ela se entrelaça no tecido das pequenas empresas. Ao compreendermos a natureza da inovação, estaremos melhor equipados para cultivar uma mentalidade que valoriza a busca incessante por melhores maneiras de fazer as coisas.

Cultivando uma Cultura de Inovação: A inovação não é apenas um processo, mas uma cultura. No segundo capítulo, mergulharemos na importância de cultivar um ambiente que nutra a criatividade e encoraje a experimentação. Descobriremos como a gestão de riscos e a tolerância ao fracasso são aliadas inseparáveis da inovação bem-sucedida.

Navegando pelo Processo de Inovação: Entender o processo de inovação é crucial. No terceiro capítulo, mapearemos as etapas, desde a concepção de ideias até a implementação prática. Ferramentas e métodos práticos serão apresentados, capacitando as pequenas empresas a transformar ideias ousadas em realidade.

Desbravando os Desafios Financeiros: O financiamento muitas vezes surge como um obstáculo à inovação. No quarto capítulo, exploraremos opções de financiamento, desde as tradicionais até as mais inovadoras. Além disso, aprenderemos como maximizar recursos quando os orçamentos são modestos.

Inspirando-se com Histórias Reais: A sabedoria muitas vezes é melhor transmitida através de histórias. No quinto capítulo, examinaremos casos reais de pequenas empresas que não apenas sobreviveram, mas prosperaram, alimentando-se da chama da inovação.

Antecipando o Futuro da Inovação: À medida que olhamos para frente, no sexto capítulo, exploraremos as tendências emergentes em inovação e os desafios que ainda estão por vir. Este livro não é apenas sobre o presente; é sobre equipar as pequenas empresas para enfrentar os desafios do futuro com confiança e criatividade.

Em última análise, este guia prático é um convite para que pequenas empresas não apenas adotem a inovação, mas a abracem como um princípio fundamental. Juntos, embarcaremos em uma jornada de descoberta e transformação, moldando o futuro das pequenas empresas através da poderosa ferramenta chamada inovação.

Importância da Inovação para Pequenas Empresas

Em um mundo empresarial dinâmico e em constante evolução, as pequenas empresas são os pilares da inovação, desempenhando um papel fundamental no impulsionamento da economia. Este capítulo busca não apenas destacar a importância da inovação para essas empresas, mas também desvendar os intricados caminhos pelos quais a criatividade e a originalidade se tornam catalisadores essenciais para o crescimento e a sustentabilidade.

Crescimento Sustentável: A Semente da Inovação

As pequenas empresas, muitas vezes, são movidas por uma visão audaciosa, mas a estrada para o crescimento sustentável é pavimentada com desafios. A inovação emerge como o solo fértil onde essas sementes de visão podem florescer. Ao adotar uma mentalidade inovadora, as pequenas empresas não apenas respondem aos desafios imediatos, mas também se preparam para prosperar a longo prazo.

Agilidade e Adaptação: A Sobrevivência na Selva Empresarial

Em um mundo onde a única constante é a mudança, a capacidade de adaptação é um superpoder para as pequenas empresas. A inovação não apenas permite a rápida adaptação a novas tendências e tecnologias, mas também transforma desafios aparentemente insuperáveis em oportunidades para reinventar e se destacar no mercado.

Diferenciação Competitiva: Inovar para Sobressair

A concorrência acirrada é uma realidade inescapável nos negócios, e as pequenas empresas enfrentam o desafio de destacar-se em meio a gigantes corporativos. A inovação não só permite que essas empresas desenvolvam produtos ou serviços únicos, mas também aprimorem processos internos, criando uma proposta de valor irresistível para seus clientes.

Engajamento de Clientes: Criando Experiências Memoráveis

As pequenas empresas têm a vantagem única de construir relacionamentos mais próximos com seus clientes. A inovação desempenha um papel crucial na criação de experiências memoráveis, desde o design de produtos até estratégias de atendimento ao cliente inovadoras. Essa abordagem não apenas atrai, mas também retém clientes, estabelecendo lealdade e gerando recomendações boca a boca.

Resiliência Financeira: O Papel da Eficiência Inovadora

A eficiência operacional é a espinha dorsal da resiliência financeira. Ao implementar práticas inovadoras, as pequenas empresas podem encontrar maneiras de fazer mais com menos, otimizando recursos e maximizando resultados. A inovação não é apenas uma expressão de criatividade, mas também uma ferramenta estratégica para a gestão financeira sólida.

Criação de Um Ciclo Virtuoso: Inovação Contínua

A inovação não é uma conquista única; é um processo contínuo. Ao criar uma cultura interna que valoriza a inovação, as pequenas empresas podem iniciar um ciclo virtuoso. Cada nova ideia bem-sucedida não apenas impulsiona o crescimento imediato, mas também alimenta a mentalidade inovadora, preparando a empresa para os desafios futuros.

Esta introdução mergulha nas razões pelas quais a inovação não é apenas uma opção para as pequenas empresas, mas uma necessidade vital. Ao entender e abraçar a inovação, essas empresas não apenas sobrevivem na selva empresarial, mas também prosperam, liderando o caminho em direção a um futuro sustentável e cheio de possibilidades.

Na busca incessante pela inovação, encontramos não apenas novas soluções, mas também a revelação de nossa capacidade infinita de reimaginar o mundo ao nosso redor.

Inovação: A Arte de Transformar Ideias em Valor

Como disse uma vez um sábio personagem literário: "A inovação é a chama que ilumina os cantos mais escuros da estagnação, revelando novos horizontes onde antes só víamos limites."

Inovação: A Arte de Transformar Ideias em Valor

Sumário

Capítulo 1: Fundamentos da Inovação

Definição de Inovação: A Arte de Transformar Ideias em Valor

No cerne da jornada pela compreensão dos fundamentos da inovação está uma definição que transcende as fronteiras convencionais do pensamento empresarial. A inovação não é meramente a criação de algo novo; é a arte de transformar ideias em valor tangível, proporcionando uma vantagem significativa no mercado e impulsionando o crescimento sustentável. Vamos desvendar essa definição, destacando seus elementos essenciais.

Inovação como Transformação Criativa: A inovação é mais do que uma simples extensão da criatividade; é a capacidade de transformar conceitos abstratos em soluções práticas e impactantes. Envolve o processo de transformar insights, inspirações e visões em algo concreto que cria valor para os clientes, a empresa e, muitas vezes, para a sociedade como um todo.

A Criação de Valor como Núcleo: No centro da inovação está a criação de valor. Isso não se limita apenas à introdução de novos produtos no mercado, mas também à melhoria de processos, ao desenvolvimento de estratégias de marketing mais eficazes, à redefinição de modelos de negócios e à criação de experiências excepcionais para os clientes. A verdadeira inovação vai além do novo pelo novo; ela busca aprimorar, resolver problemas e atender às necessidades de maneiras mais eficientes e eficazes.

Adaptação e Melhoria Contínua: A inovação não é um evento isolado, mas um processo contínuo de adaptação e melhoria. À medida que as condições do mercado e as preferências dos clientes evoluem, a capacidade de inovar torna-se vital para a sustentabilidade de uma empresa. É uma mentalidade que abraça a mudança e vê cada desafio como uma oportunidade para encontrar soluções melhores.

Do Tangível ao Intangível: Embora muitas vezes associemos inovação a produtos físicos, ela se estende além do tangível. Inovação pode ser encontrada em serviços aprimorados, em modelos de negócios mais eficientes, em processos operacionais mais inteligentes e até mesmo na forma como uma empresa se envolve com sua comunidade.

É a capacidade de redefinir o que é possível, tanto no âmbito material quanto no intangível.

Inovação como Diferencial Competitivo: Num mundo onde a concorrência é feroz, a inovação emerge como um diferencial crucial. Ela não apenas mantém uma empresa relevante no presente, mas a posiciona estrategicamente para enfrentar os desafios futuros. Empresas que cultivam uma cultura de inovação estão preparadas para liderar, surpreender e responder proativamente às mudanças do mercado.

Cultura e Colaboração como Facilitadores: A verdadeira inovação prospera em uma cultura que promove a criatividade, a experimentação e a colaboração. Ir além dos limites convencionais exige uma abertura para novas ideias, a capacidade de aprender com falhas e uma disposição para desafiar o status quo. A inovação floresce quando é cultivada em um solo de colaboração, onde mentes diversas se unem em busca de soluções inovadoras.

Em resumo, a inovação é a força transformadora que impulsiona o progresso empresarial. Ela vai além da introdução de algo novo e procura constantemente maneiras de criar valor, adaptar-se ao ambiente em constante mudança e diferenciar-se no mercado competitivo. Este capítulo é uma exploração do DNA da inovação, preparando o terreno para as profundezas que exploraremos à medida que avançamos na jornada da criatividade empresarial.

Tipos de Inovação: Além do Produto

No universo multifacetado da inovação, compreender os diferentes tipos é essencial para que as pequenas empresas possam direcionar seus esforços de maneira estratégica. Vamos aprofundar nossa análise sobre os tipos de inovação, explorando como cada faceta desempenha um papel distintivo na transformação e no avanço dos negócios.

1. Inovação de Produto: Elevando a Experiência do Cliente

A mais reconhecida, a inovação de produto envolve a criação ou aprimoramento de bens tangíveis ou serviços oferecidos por uma empresa. Isso pode significar a introdução de novos produtos no mercado, melhorias incrementais em produtos existentes ou até mesmo a reinvenção completa de uma categoria de produtos. Para as pequenas empresas, essa forma de inovação é uma ferramenta poderosa para cativar e fidelizar clientes, oferecendo soluções que atendam às suas necessidades de maneiras inesperadas e emocionantes.

2. Inovação de Processo: Otimizando Eficiência e Qualidade

Enquanto a inovação de produto se concentra no que é oferecido ao cliente, a inovação de processo dirige-se para os bastidores do negócio. Essa categoria abrange melhorias nos métodos de produção, automação, logística e qualquer processo interno que possa resultar em maior eficiência e qualidade. Pequenas empresas que abraçam a inovação de processo podem encontrar maneiras de fazer mais com menos, reduzir custos e oferecer produtos ou serviços de alta qualidade de maneira mais eficaz.

3. Inovação de Marketing: Conectando-se com o Público

A inovação de marketing é a resposta dinâmica às mudanças nas preferências e comportamentos dos consumidores. Envolve a criação de estratégias únicas para comercializar produtos ou serviços, destacando-se em meio ao ruído do mercado. Desde campanhas publicitárias inovadoras até a utilização de novas plataformas de mídia social, as pequenas empresas podem aproveitar essa forma de inovação para construir uma presença de marca memorável e envolver o público de maneira autêntica.

4. Inovação Organizacional: Estruturando para o Futuro

A inovação organizacional diz respeito à forma como uma empresa é estruturada e opera. Pode envolver mudanças na gestão de equipe, processos decisórios ou na própria cultura corporativa. Para as pequenas empresas, essa forma de inovação é essencial para promover a agilidade, a colaboração e a capacidade de adaptação a ambientes de negócios em constante mudança.

5. Inovação de Modelo de Negócios: Repensando o Sucesso

A inovação de modelo de negócios desafia as convenções estabelecidas, levando a uma reinvenção completa da maneira como uma empresa cria, entrega e captura valor. Para as pequenas empresas, essa forma de inovação pode abrir novos mercados, criar novas fontes de receita e garantir que o modelo de negócios seja resiliente e sustentável a longo prazo.

Ao entender esses diferentes tipos de inovação, as pequenas empresas podem personalizar suas abordagens, escolhendo as formas mais relevantes e estratégicas para o seu contexto específico. Cada tipo de inovação oferece oportunidades únicas, e a combinação certa pode ser a chave para desbloquear o potencial máximo de crescimento e sucesso. Este capítulo é apenas o começo de uma jornada fascinante no mundo da inovação, onde as possibilidades são tão diversas quanto as mentes criativas que as exploram.

O Ciclo de Vida da Inovação: Da Concepção à Realização

Assim como a natureza segue ciclos, a inovação também segue um ciclo de vida, desde a semente da ideia até a colheita dos benefícios tangíveis. Vamos mergulhar nos estágios do Ciclo de Vida da Inovação, compreendendo como as ideias ganham vida e se transformam em ativos valiosos para as pequenas empresas.

1. Geração de Ideias: A Chama Criativa Inicial No início do ciclo, a criatividade floresce. A geração de ideias é um processo dinâmico que pode ocorrer por meio de brainstorming, colaboração de equipe, observação do mercado ou até mesmo da inspiração casual. Esse estágio é a centelha que acende o fogo da inovação, dando origem a uma variedade de conceitos e possibilidades.

2. Avaliação e Seleção: Filtrando as Sementes Promissoras Nem todas as ideias geradas são igualmente viáveis ou relevantes. No estágio de avaliação e seleção, as pequenas empresas examinam suas opções com critérios específicos, como viabilidade técnica, potencial de mercado e alinhamento com a estratégia empresarial. Aqui, as sementes mais promissoras são identificadas para avançar para o próximo estágio.

3. Desenvolvimento: Transformando Ideias em Realidade Tangível Este estágio marca a transição das ideias selecionadas para algo mais tangível. As ideias começam a ser moldadas e desenvolvidas em conceitos concretos. Isso pode envolver a criação de protótipos, testes de mercado e refinamentos contínuos para garantir que a inovação atenda às expectativas e aos requisitos.

4. Implementação: Introduzindo a Inovação no Mundo Real Com os conceitos desenvolvidos e refinados, chega a hora de trazer a inovação para o mundo real. A implementação envolve a introdução efetiva da inovação no ambiente de negócios. Pode incluir estratégias de lançamento, treinamento de equipe, ajustes operacionais e a comunicação eficaz do valor da inovação para clientes e partes interessadas.

5. Avaliação e Melhoria Contínua: Aprendizado e Aperfeiçoamento Após a implementação, o ciclo de vida da inovação não termina; ele evolui. A avaliação dos resultados é essencial para medir o sucesso e identificar áreas de melhoria. O feedback dos clientes, dados de desempenho e outras métricas são analisados para entender o impacto da inovação. Essas percepções orientam os ajustes necessários e contribuem para o aprimoramento contínuo.

6. Novas Ideias e Ciclo Recomeçado: Um Processo Iterativo O ciclo de vida da inovação não é um caminho linear; é um processo iterativo. O aprendizado contínuo e a adaptação baseada em experiências anteriores alimentam a geração de novas ideias. Assim, o ciclo reinicia, perpetuando um ciclo constante de criatividade, implementação e evolução.

Este ciclo de vida da inovação é uma jornada dinâmica, onde cada estágio desempenha um papel crítico no sucesso da inovação. Compreender e navegar eficazmente por esse ciclo é essencial para as pequenas empresas, pois lhes permite transformar ideias promissoras em vantagens competitivas e impulsionar o crescimento sustentável ao longo do tempo.

Inovação como uma Mentalidade, Não Apenas uma Atividade

Além de entender os tipos e o ciclo de vida da inovação, é crucial perceber que a inovação é mais do que uma série de atividades pontuais. É uma mentalidade que permeia toda a organização. Ao cultivar uma cultura que valoriza a criatividade e a busca constante por melhorias, as pequenas empresas podem incorporar a inovação em seu DNA, tornando-a parte integrante de sua identidade.

Este capítulo é uma exploração profunda da definição de inovação, estabelecendo as bases para uma jornada que nos levará a explorar como as pequenas empresas podem não apenas compreender, mas também incorporar a inovação em cada aspecto de suas operações. A inovação é mais do que uma ferramenta; é a força propulsora que capacita as pequenas empresas a transcenderem os limites do comum e abraçarem o extraordinário.

Capítulo 2: Cultura de Inovação nas Pequenas Empresas

Fomentando a Mentalidade Criativa para o Crescimento Sustentável

Na busca pela excelência empresarial, a Cultura de Inovação emerge como um catalisador crucial, especialmente para as pequenas empresas que almejam não apenas sobreviver, mas prosperar em um ambiente empresarial dinâmico. Este capítulo é uma imersão na construção e cultivo de uma Cultura de Inovação, desvendando os elementos essenciais que capacitam as pequenas empresas a abraçar a mudança, promover a criatividade e impulsionar o crescimento sustentável.

1. Criando uma Cultura Inovadora: O Alicerce do Sucesso

A Cultura de Inovação não é apenas um conjunto de práticas; é um modo de vida empresarial. Este capítulo começa explorando a importância de criar uma cultura que nutre a criatividade, onde os colaboradores são encorajados a questionar o status quo, experimentar e contribuir ativamente para o processo inovador.

2. Fomentando a Mentalidade Inovadora: Abraçando a Curiosidade

A base de uma Cultura de Inovação reside na mentalidade dos colaboradores. Encorajar a curiosidade, a disposição para aprender com o novo e a aceitação de falhas como parte do processo são elementos-chave. Examinaremos estratégias para incutir esses princípios na mentalidade organizacional, inspirando uma abordagem proativa em direção à inovação.

3. Gestão de Riscos e Tolerância ao Fracasso: Pavimentando o Caminho para a Inovação

A inovação muitas vezes envolve riscos, e a capacidade de gerenciá-los eficazmente é crucial. Neste ponto, discutiremos a importância da tolerância ao fracasso como um motor para a inovação. Compreender e aceitar que o fracasso é uma parte inevitável do processo cria um ambiente onde os colaboradores se sentem capacitados a experimentar e buscar soluções inovadoras sem medo de repercussões negativas.

4. Estímulo à Colaboração e Diversidade de Pensamento: Fundamentos da Criatividade Coletiva A inovação prospera em um solo de colaboração e diversidade. Analisaremos como as pequenas empresas podem criar estruturas que estimulem a colaboração entre diferentes departamentos, equipes e até mesmo parceiros externos. A diversidade de pensamento é explorada como um ativo valioso, proporcionando perspectivas únicas que impulsionam a criatividade e a inovação.

5. Reconhecimento e Recompensas: Incentivando a Inovação Reconhecer e recompensar contribuições inovadoras é essencial para manter a energia e o entusiasmo. Este capítulo explora estratégias eficazes para reconhecer o esforço criativo, desde programas de incentivo até celebrações públicas de conquistas inovadoras. Essa prática não apenas valida os esforços dos colaboradores, mas também reforça a importância da inovação na cultura organizacional.

6. Infraestrutura e Recursos: Capacitando a Inovação Por fim, abordaremos a importância de uma infraestrutura que sustente a inovação. Isso inclui a disponibilidade de recursos, como tecnologia atualizada, treinamentos especializados e ambientes físicos que promovam a criatividade. Uma infraestrutura sólida permite que as ideias inovadoras se transformem em realidade de maneira mais eficiente e eficaz.

Ao compreender e implementar esses elementos na cultura de uma pequena empresa, os líderes podem criar um ambiente propício à inovação. Uma Cultura de Inovação robusta não apenas impulsiona o crescimento a curto prazo, mas também prepara a empresa para enfrentar os desafios futuros com resiliência e criatividade. Este capítulo é um guia prático para transformar a inovação de um conceito em uma prática diária que permeia todos os aspectos da empresa.

Criando uma Cultura Inovadora: Semeando as Raízes da Criatividade

A construção de uma Cultura de Inovação não é apenas um objetivo; é um processo dinâmico que começa nas fundações da empresa e se estende por todos os níveis organizacionais. Vamos aprofundar nosso entendimento sobre como criar uma Cultura de Inovação que não apenas aceite, mas celebre a criatividade como uma força motriz essencial para o sucesso empresarial.

1. Liderança Inspiradora: O Papel dos Líderes na Promoção da Inovação A liderança desempenha um papel crítico na definição do tom da cultura organizacional. Neste capítulo, exploraremos como os líderes podem agir como catalisadores da inovação, modelando comportamentos inovadores, promovendo uma mentalidade aberta e estabelecendo uma visão clara que destaque a importância da inovação para o futuro da empresa.

2. Comunicação Transparente: Construindo uma Ponte para Ideias A comunicação transparente é a espinha dorsal de uma Cultura de Inovação eficaz. Discutiremos como a abertura nas comunicações, desde os líderes até os colaboradores de todos os níveis, cria um ambiente onde as ideias fluem livremente. A transparência não apenas fomenta a confiança, mas também permite que as ideias sejam compartilhadas e refinadas de maneira colaborativa.

3. Espaços Físicos e Virtuais que Estimulam a Criatividade O ambiente físico desempenha um papel significativo na promoção da inovação. Exploraremos como os espaços de trabalho podem ser projetados para estimular a criatividade, desde áreas de colaboração até espaços de descanso que incentivam a reflexão. Além disso, discutiremos como os espaços virtuais e as ferramentas digitais podem conectar equipes distribuídas, facilitando a colaboração em um mundo cada vez mais digital.

4. Programas de Treinamento e Desenvolvimento: Investindo no Potencial Criativo O desenvolvimento de habilidades e conhecimentos é essencial para alimentar a criatividade. Analisaremos a importância de programas de treinamento que capacitam os colaboradores a pensar de maneira inovadora, promovendo a aprendizagem contínua e fornecendo as ferramentas necessárias para transformar ideias em ações tangíveis.

5. Estímulo à Autonomia e Autenticidade: Capacitando os Colaboradores Uma Cultura de Inovação floresce quando os colaboradores se sentem capacitados a assumir riscos e expressar autenticamente suas ideias. Discutiremos estratégias para promover a autonomia, encorajar a experimentação e valorizar a autenticidade, criando um ambiente onde a diversidade de perspectivas é reconhecida e celebrada.

6. Desafios e Reconhecimentos: Motivando Através da Competição Saudável A introdução de desafios e programas de reconhecimento pode injetar uma dose saudável de competitividade e motivação na cultura da empresa. Vamos explorar como a criação de competições de inovação, hackathons internos e programas de reconhecimento podem catalisar a busca por soluções criativas e incentivar o reconhecimento dos esforços inovadores.

Ao criar uma Cultura de Inovação, as pequenas empresas não apenas abrem as portas para a criatividade, mas também fortalecem sua resiliência e capacidade de se destacar em mercados competitivos. Este capítulo é um roteiro prático para lideranças que desejam semear as raízes da inovação em sua organização, criando um terreno fértil para o crescimento sustentável e a excelência empresarial.

Dicas para Promover a Mentalidade Inovadora entre os Funcionários

Fomentar uma mentalidade inovadora entre os funcionários é fundamental para construir uma Cultura de Inovação sólida nas pequenas empresas. Aqui estão algumas dicas práticas para inspirar e promover a mentalidade inovadora dentro da equipe:

1. Defina uma Visão Clara:

- Comunique uma visão organizacional que destaque a importância da inovação para o sucesso da empresa.
- Demonstre como a inovação contribui para os objetivos de longo prazo e a sustentabilidade do negócio.

2. Encoraje a Curiosidade:

- Incentive perguntas e exploração de novas ideias.
- Crie espaços e momentos para discussões informais que incentivem a curiosidade e a troca de ideias.

3. Promova a Aprendizagem Contínua:

- Ofereça oportunidades de treinamento e desenvolvimento que estimulem o aprendizado contínuo.
- Apoie a participação em workshops, conferências e cursos relevantes para a área de atuação.

4. Tolerância ao Fracasso:

- Cultive um ambiente onde o fracasso é visto como uma oportunidade de aprendizado.
- Encoraje a experimentação e demonstre que falhas são parte integrante do processo inovador.

5. Facilite a Colaboração:

- Crie espaços físicos e virtuais que facilitem a colaboração entre diferentes equipes e departamentos.
- Estabeleça canais de comunicação abertos para troca de ideias e feedback.

6. Reconhecimento por Inovação:

- Implemente programas de reconhecimento que valorizem e celebrem contribuições inovadoras.
- Destaque casos de sucesso para inspirar outros funcionários.

7. Estimule a Diversidade de Pensamento:

- Promova equipes diversificadas para trazer uma variedade de perspectivas.
- Realize atividades que estimulem a diversidade de pensamento, como sessões de brainstorming colaborativas.

8. Dê Autonomia e Empodere:

- Permita que os funcionários tenham autonomia em suas tarefas e projetos.
- Empodere-os a tomar decisões e assumir responsabilidades, promovendo um senso de propriedade.

9. Implemente Programas de Inovação Interna:

- Introduza desafios ou competições internas que incentivem a busca por soluções inovadoras.
- Aloque recursos para projetos inovadores que surjam dentro da própria equipe.

10. Compartilhe Histórias de Sucesso:

- Compartilhe histórias de sucesso relacionadas à inovação na empresa.
- Destaque como ideias inovadoras impactaram positivamente o negócio e motivaram outros funcionários.

11. Crie Um Ambiente Flexível:

- Promova um ambiente de trabalho flexível que permita experimentação e adaptação rápida a mudanças.
- Elimine barreiras hierárquicas que possam inibir a livre expressão de ideias.

12. Realize Sessões de Brainstorming Estruturado:

- Organize sessões regulares de brainstorming com objetivos claros e estruturados.
- Estabeleça regras que incentivem a geração livre de ideias sem julgamentos iniciais.

Ao implementar essas dicas, as pequenas empresas podem criar um ambiente propício para o florescimento da mentalidade inovadora entre os funcionários, impulsionando a empresa na busca constante por soluções criativas e diferenciais competitivos.

Gestão de Riscos e Tolerância ao Fracasso: Navegando pelos Desafios Inovadores

Um dos pilares essenciais para promover a mentalidade inovadora nas pequenas empresas é a gestão de riscos e a tolerância ao fracasso. Estes são elementos intrínsecos à jornada inovadora e desempenham um papel crucial na capacidade da organização de enfrentar desafios e evoluir continuamente. Vamos aprofundar essa temática, explorando estratégias práticas para lidar com riscos e fracassos de maneira construtiva.

1. Compreendendo a Gestão de Riscos na Inovação:

- Identifique e avalie proativamente os riscos associados a projetos inovadores.
- Desenvolva uma matriz de riscos que destaque a probabilidade e o impacto de cada potencial obstáculo.

2. Cultivando a Mentalidade de Aprendizado:

- Promova uma cultura que veja os riscos como oportunidades de aprendizado.
- Incentive a equipe a analisar os resultados, identificando lições valiosas que podem informar futuras iniciativas inovadoras.

3. Estabelecendo Limites e Parâmetros Claros:

- Defina limites e parâmetros para a gestão de riscos, permitindo uma abordagem calculada e estratégica.
- Comunique claramente os objetivos, tolerâncias e critérios de sucesso para mitigar riscos.

4. Testando e Validando Hipóteses:

- Realize testes piloto e prototipagem para validar hipóteses antes da implementação em larga escala.
- Utilize feedbacks e dados desses testes para ajustar estratégias e reduzir riscos.

5. Encorajando a Inovação Incremental:

- Adote uma abordagem de inovação incremental, dividindo projetos em fases menores e gerenciáveis.
- Isso permite a adaptação contínua e a mitigação de riscos à medida que o projeto progride.

6. Promovendo a Transparência na Comunicação:

- Mantenha uma comunicação transparente sobre os riscos associados a projetos inovadores.

- Isso cria um ambiente aberto, onde os membros da equipe se sentem à vontade para compartilhar preocupações e ideias de mitigação.

7. Celebrando as Iniciativas Corajosas:

- Reconheça e celebre as equipes que assumem riscos calculados, mesmo que os resultados não alcancem os objetivos desejados.
- Isso incentiva a disposição de correr riscos construtivos em busca da inovação.

8. Integrando uma Abordagem Ágil:

- Adote metodologias ágeis que permitem rápida adaptação a mudanças e ajustes conforme os riscos se materializam.
- Mantenha ciclos de iteração curtos para responder prontamente aos desafios identificados.

9. Aprendendo com o Fracasso:

- Encare o fracasso como uma parte inevitável do processo inovador.
- Promova sessões de análise pós-fracasso para extrair aprendizados valiosos e impulsionar melhorias futuras.

10. Construindo Resiliência Organizacional:

- Desenvolva resiliência organizacional, cultivando a capacidade de se recuperar rapidamente de contratempos.
- Isso cria uma base sólida para enfrentar desafios e continuar inovando mesmo diante de adversidades.

Ao abraçar a gestão de riscos e promover a tolerância ao fracasso, as pequenas empresas não apenas mitigam obstáculos inerentes à inovação, mas também criam um ambiente onde a aprendizagem contínua é valorizada e o progresso é impulsionado por uma mentalidade construtiva e resiliente.

Aceitando Riscos: O Pilar da Inovação Bem-Sucedida

Na busca pela inovação bem-sucedida, aceitar riscos emerge como um elemento crucial, delineando a fronteira entre o comum e o extraordinário. Em um cenário empresarial dinâmico, onde a mudança é constante e as expectativas do mercado evoluem rapidamente, a disposição de enfrentar desafios inexplorados é uma necessidade premente. Vamos explorar por que aceitar riscos é tão vital para o sucesso da inovação.

1. Exploração de Novas Fronteiras:

- Aceitar riscos permite que as empresas explorem novas fronteiras e busquem oportunidades além do convencional.
- A inovação muitas vezes está situada nas margens do conhecido, e a disposição para se aventurar nessas áreas é o que impulsiona a descoberta de soluções únicas e pioneiras.

2. Estímulo à Criatividade e Experimentação:

- A aversão ao risco pode sufocar a criatividade, levando a abordagens conservadoras e conformidade com o status quo.
- Aceitar riscos cria um ambiente propício à experimentação, onde as equipes são incentivadas a buscar ideias ousadas e a testar novas abordagens.

3. Resposta Efetiva à Mudança:

- Em um mundo empresarial em constante transformação, a capacidade de aceitar riscos é uma resposta proativa às mudanças no ambiente.

- Empresas que resistem à inovação correm o risco de ficar para trás, enquanto aquelas que aceitam riscos estão preparadas para se adaptar e prosperar diante de novos desafios.

4. Diferenciação Competitiva:

- Aceitar riscos é muitas vezes a chave para se destacar em um mercado saturado. Empresas que ousam diferenciar-se, introduzindo novos produtos, serviços ou modelos de negócios, têm mais chances de se destacar e atrair a atenção do público.

5. Aprendizado Através da Adversidade:

- O fracasso, que frequentemente acompanha a aceitação de riscos, é uma fonte valiosa de aprendizado.
- Empresas que enfrentam adversidades com uma mentalidade de aprendizado estão melhor equipadas para iterar, ajustar estratégias e se fortalecer em futuras iniciativas inovadoras.

6. Cultura de Inovação Poderosa:

- Uma cultura organizacional que aceita riscos nutre a inovação em seu cerne.
- Equipes que se sentem apoiadas para assumir riscos criativos são mais propensas a compartilhar ideias ousadas, colaborar e contribuir para a construção de um ambiente inovador.

7. Antecipação de Tendências e Necessidades do Mercado:

- Aceitar riscos estratégicos permite que as empresas antecipem e respondam proativamente às tendências do mercado.

* Estar na vanguarda das mudanças e das demandas dos clientes é essencial para se manter relevante e competitivo.

8. Fomento à Resiliência Empresarial:

* Empresas que aceitam riscos estão mais preparadas para enfrentar desafios inesperados.
* A disposição para se aventurar em territórios desconhecidos constrói resiliência organizacional, permitindo que a empresa se recupere rapidamente de contratempos e siga em frente.

9. Estabelecimento de Parcerias Estratégicas:

* Aceitar riscos muitas vezes envolve colaborações e parcerias estratégicas inovadoras.
* Empresas que buscam alianças fora do convencional podem abrir portas para novas oportunidades e sinergias disruptivas.

Ao abraçar a aceitação de riscos como uma premissa fundamental, as empresas não apenas desbloqueiam a porta da inovação, mas também pavimentam o caminho para o crescimento sustentável e o sucesso a longo prazo. A inovação bem-sucedida é intrinsecamente ligada à coragem de enfrentar o desconhecido e transformar desafios em oportunidades transformadoras.

Capítulo 3: Processo de Inovação para Pequenas Empresas

Da Inspiração à Implementação: Navegando no Ciclo Inovador

A inovação em pequenas empresas não é apenas uma aspiração; é um processo dinâmico que requer estrutura, intencionalidade e compromisso. Este capítulo explora o processo de inovação adaptado às realidades das pequenas empresas, guiando empreendedores e líderes pelo caminho que vai da inspiração inicial à implementação bem-sucedida.

1. Fase de Inspiração: Despertando Ideias Inovadoras

- *Estimulando a Criatividade:*
    - Promova sessões de brainstorming regulares para gerar ideias.
    - Incentive a diversidade de pensamento e a participação de toda a equipe.
- *Observação do Mercado:*
    - Mantenha-se atento às tendências do mercado e às necessidades não atendidas.
    - Analise o que outras empresas estão fazendo e identifique oportunidades para diferenciação.
- *Feedback dos Clientes:*
    - Estabeleça canais para coletar feedback contínuo dos clientes.
    - Use dados e análises para identificar áreas de melhoria e inovação.

2. Fase de Avaliação e Seleção: Filtrando Ideias Promissoras

- *Critérios de Avaliação:*
    - Desenvolva critérios claros para avaliar a viabilidade e relevância de cada ideia.
    - Considere fatores como potencial de mercado, recursos necessários e alinhamento estratégico.
- *Prototipagem Rápida:*
    - Crie protótipos ou versões mínimas viáveis (MVPs) para testar conceitos.
    - Use feedback rápido para ajustar e refinar ideias antes de comprometer recursos significativos.
- *Análise de Riscos:*
    - Identifique e avalie os riscos associados a cada ideia.

- o Estabeleça estratégias para mitigar riscos e maximize as chances de sucesso.

3. Fase de Desenvolvimento: Transformando Ideias em Realidade

- *Colaboração Multidisciplinar:*
  - o Forme equipes multidisciplinares para trabalhar nas ideias selecionadas.
  - o A diversidade de habilidades e perspectivas enriquece o processo de desenvolvimento.
- *Iteração Contínua:*
  - o Adote uma abordagem ágil, permitindo iterações contínuas e ajustes rápidos.
  - o A flexibilidade é chave para se adaptar a descobertas durante o desenvolvimento.
- *Testes de Mercado:*
  - o Conduza testes de mercado para validar a aceitação do produto ou serviço.
  - o Utilize dados reais para ajustar o produto ou serviço conforme necessário.

4. Fase de Implementação: Introduzindo Inovação no Mundo Real

- *Estratégia de Lançamento:*
  - o Desenvolva uma estratégia de lançamento que considere a segmentação de mercado e a mensagem chave.
  - o Utilize canais de comunicação eficazes para alcançar o público-alvo.
- *Treinamento da Equipe:*
  - o Garanta que a equipe esteja preparada para apoiar a implementação.
  - o Forneça treinamento adequado e comunicados claros sobre as mudanças.
- *Acompanhamento e Análise Pós-Lançamento:*
  - o Monitore o desempenho do novo produto ou serviço após o lançamento.

- o Analise dados de desempenho e feedback do cliente para orientar ajustes futuros.

5. Fase de Avaliação e Melhoria Contínua: Aprendendo com a Experiência

- *Análise Pós-Implementação:*
    - o Realize uma análise aprofundada após a implementação para avaliar o sucesso.
    - o Identifique áreas de melhoria e pontos positivos para aprendizado contínuo.
- *Feedback Interno e Externo:*
    - o Solicite feedback interno da equipe e externo dos clientes.
    - o Use essas percepções para refinamento contínuo e futuras iterações inovadoras.
- *Cultura de Inovação:*
    - o Reforce a cultura de inovação, destacando o sucesso e celebrando o aprendizado.
    - o Cultive um ambiente que encoraje a equipe a continuar propondo ideias inovadoras.

Este processo de inovação adaptado às pequenas empresas é uma jornada iterativa e contínua. Ao seguir essas etapas, as pequenas empresas podem transformar ideias em inovações tangíveis, impulsionando o crescimento sustentável e estabelecendo-se como líderes no cenário empresarial dinâmico.

Estrutura do Processo de Inovação para Pequenas Empresas

Construindo Fundações Sólidas para a Inovação Sustentável

A inovação não é apenas uma ideia isolada; é um processo estruturado que requer uma abordagem organizada e disciplinada. Este capítulo explora a estrutura fundamental do processo de inovação adaptada às especificidades das pequenas empresas. Vamos explorar as etapas e elementos essenciais que compõem a espinha dorsal do processo inovador, ajudando as empresas a transformar conceitos criativos em realidades tangíveis.

1. Identificação de Oportunidades de Inovação:

- *Pesquisa de Mercado:*
  - Realize pesquisas de mercado para identificar lacunas e oportunidades não exploradas.
  - Analise o comportamento do consumidor e as tendências do setor.
- *Brainstorming e Colaboração:*
  - Promova sessões regulares de brainstorming para gerar ideias.
  - Estimule a colaboração entre diferentes departamentos e membros da equipe.

2. Priorização e Seleção de Ideias:

- *Critérios de Avaliação:*
  - Desenvolva critérios claros para avaliar e priorizar ideias.
  - Considere fatores como viabilidade técnica, alinhamento estratégico e potencial de mercado.
- *Avaliação de Viabilidade:*
  - Realize análises de viabilidade para entender os recursos necessários e os possíveis desafios.
  - Identifique os riscos associados a cada ideia.

3. Desenvolvimento de Conceitos e Prototipagem:

- *Desenvolvimento Iterativo:*
  - Adote uma abordagem iterativa no desenvolvimento de conceitos.
  - Utilize prototipagem rápida para testar ideias antes de comprometer recursos substanciais.
- *Equipes Multidisciplinares:*
  - Forme equipes multidisciplinares para garantir uma variedade de perspectivas.

- o Incentive a colaboração entre áreas, fundindo conhecimentos diversos.

4. Implementação e Lançamento:

- *Estratégia de Implementação:*
  - o Desenvolva uma estratégia clara de implementação, considerando aspectos como treinamento da equipe e comunicação externa.
  - o Defina metas e indicadores-chave de desempenho (KPIs) para monitorar o sucesso.
- *Acompanhamento Pós-Lançamento:*
  - o Realize um acompanhamento detalhado após o lançamento para avaliar o desempenho.
  - o Esteja preparado para ajustar estratégias com base no feedback do cliente e em dados de desempenho.

5. Avaliação e Melhoria Contínua:

- *Análise Pós-Implementação:*
  - o Realize uma análise profunda pós-implementação para avaliar o sucesso.
  - o Identifique áreas de melhoria e pontos positivos para aprendizado contínuo.
- *Feedback da Equipe e Clientes:*
  - o Solicite feedback interno da equipe e externo dos clientes.
  - o Use essas percepções para orientar refinamentos contínuos e futuras iterações inovadoras.

6. Cultura de Inovação e Aprendizado Organizacional:

- *Promoção da Cultura de Inovação:*
  - o Reforce a importância da inovação na cultura organizacional.

Inovação: A Arte de Transformar Ideias em Valor

o   Celebre sucessos e aprendizados, incentivando a equipe a continuar propondo ideias inovadoras.
- *Desenvolvimento de Habilidades:*
  o   Invista em programas de desenvolvimento de habilidades para capacitar a equipe a contribuir ativamente para o processo de inovação.
  o   Incentive a aprendizagem contínua e a busca proativa por conhecimento.

7. Integração de Ferramentas de Gestão de Inovação:

- *Adoção de Tecnologias:*
  o   Explore e implemente ferramentas de gestão de inovação para facilitar o acompanhamento de projetos, colaboração e comunicação.
  o   Utilize plataformas que apoiem a gestão eficiente de ideias e a implementação de processos inovadores.

Ao implementar essa estrutura de processo de inovação, as pequenas empresas podem estabelecer fundações sólidas para a inovação sustentável. Essa abordagem estruturada não apenas orienta a transformação de ideias em realidades de mercado, mas também promove uma cultura organizacional que abraça a mudança e a busca constante por soluções inovadoras.

Ferramentas e Métodos de Inovação

Desbloqueando a Criatividade e Transformando Ideias em Ação

A inovação é impulsionada não apenas pela inspiração, mas também pela aplicação de métodos práticos e ferramentas eficazes. Neste capítulo, exploraremos algumas das técnicas mais poderosas utilizadas para catalisar o processo inovador, incluindo o Design Thinking e o Brainstorming. Essas abordagens não apenas estimulam a criatividade, mas também proporcionam estruturas tangíveis para transformar ideias em soluções concretas.

1. Design Thinking: Abordagem Centrada no Usuário:

- *Empatia:* Compreender profundamente as necessidades e experiências dos usuários.
- *Definição do Problema:* Reframe o desafio para garantir uma compreensão precisa.
- *Ideação:* Geração livre de ideias, buscando a diversidade e quantidade.

2. Brainstorming: Cultivando a Tempestade de Ideias:

- *Sessões Estruturadas:* Organizar sessões específicas para gerar ideias sem críticas iniciais.
- *Diversidade de Participantes:* Incluir membros de diferentes departamentos e níveis hierárquicos.
- *Facilitação Eficaz:* Garantir que um facilitador guie a sessão, mantendo o foco e incentivando a participação.

3. Mapas Mentais: Visualizando Conexões Criativas:

- *Representação Gráfica:* Mapear visualmente conceitos, ideias e conexões.
- *Estímulo à Associação:** Facilitar associações criativas ao conectar conceitos aparentemente distintos.

4. Prototipagem Rápida: Transformando Ideias em Realidade Tangível:

- *Versões Mínimas Viáveis (MVPs):* Criar protótipos simples para testar conceitos.
- *Feedback Iterativo:* Utilizar a resposta rápida para aprimorar e ajustar protótipos.

5. Método SCAMPER: Estimulando a Criatividade Sistêmica:

- *Substituir:* Considere substituir elementos existentes por alternativas inovadoras.
- *Combinar:* Explore a combinação de elementos aparentemente desconexos.
- *Adaptar:* Adapte ideias existentes para novos contextos.

6. Matriz CSD: Priorização Estratégica de Ideias:

- *Critérios de Avaliação:* Classificar ideias com base em critérios pré-definidos.
- *Segmentação Prioritária:* Dividir ideias em categorias, priorizando aquelas alinhadas aos objetivos estratégicos.

7. Método 6-3-5: Geração Rápida de Ideias em Grupo:

- *Seis Pessoas, Três Ideias, Cinco Minutos:* Estrutura para sessões rápidas e eficazes de brainstorming em grupo.
- *Rotatividade:* Passagem sistemática de ideias entre os participantes para maximizar a diversidade.

8. Analogias e Metáforas: Ampliando o Pensamento Criativo:

- *Transferência de Conceitos:* Aplicar ideias de um contexto a outro para gerar soluções inovadoras.
- *Estímulo à Imaginação:* Utilizar analogias e metáforas para expandir perspectivas.

9. Jornadas do Cliente: Compreensão Profunda do Usuário:

- *Mapeamento de Experiências:* Visualizar as interações do cliente com um produto ou serviço.
- *Identificação de Pontos Críticos:* Destacar momentos de satisfação ou insatisfação ao longo da jornada.

10. **Gamificação para Inovação: Engajamento Criativo:** - *Elementos Lúdicos:* Introduzir mecânicas de jogo para estimular a participação. - *Competição Amigável:* Utilizar desafios e recompensas para impulsionar a criatividade.

Ao incorporar essas ferramentas e métodos de inovação, as empresas podem desbloquear um reservatório de criatividade e transformar conceitos abstratos em iniciativas tangíveis. Cada abordagem oferece uma perspectiva única, mas juntas, elas formam um arsenal poderoso para impulsionar o processo inovador de pequenas empresas, desde a concepção até a implementação bem-sucedida.

Capítulo 4: Financiamento da Inovação

Investindo no Futuro: Estratégias de Financiamento para Inovação Sustentável

A inovação, embora vital para o crescimento e a competitividade, muitas vezes demanda investimentos substanciais. Este capítulo aborda estratégias de financiamento projetadas especificamente para apoiar a inovação em pequenas empresas. Vamos explorar as opções disponíveis, desde fontes tradicionais até abordagens mais contemporâneas, para garantir que ideias inovadoras se transformem em realizações tangíveis.

1. Recursos Internos e Autossuficiência: Impulsionando a Inovação de Dentro para Fora

Realocação de Recursos: Avalie a Capacidade de Realocar Orçamentos Existentes para Projetos Inovadores

Em muitas pequenas empresas, a chave para impulsionar a inovação pode residir na habilidade de otimizar os recursos já disponíveis. A realocação estratégica de orçamentos existentes é uma abordagem eficaz para financiar iniciativas inovadoras sem depender exclusivamente de fontes externas.

Aqui estão algumas considerações cruciais ao explorar essa estratégia:

Análise Crítica de Orçamentos:

- *Identificação de Oportunidades:* Realize uma análise detalhada dos orçamentos existentes para identificar áreas onde os recursos podem ser redirecionados para projetos inovadores.
- *Priorização de Gastos:* Avalie criticamente cada despesa e determine se ela contribui diretamente para os objetivos estratégicos de inovação.

Alinhamento com Metas Estratégicas:

- *Estabelecimento de Prioridades:* Defina prioridades claras e alinhe a realocação de recursos com as metas estratégicas da empresa.
- *Flexibilidade Orçamentária:* Mantenha uma abordagem flexível que permita ajustes conforme as necessidades e oportunidades de inovação evoluem.

Envolvimento da Equipe:

- *Comunicação Transparente:* Comunique de forma transparente a intenção de realocar recursos para impulsionar a inovação. Envolver a equipe na tomada de decisões promove um senso de colaboração e engajamento.
- *Estímulo à Criatividade:* Incentive os membros da equipe a contribuir com ideias sobre como os recursos podem ser melhor alocados para promover a inovação.

Desenvolvimento de Receitas: Explore Oportunidades para Gerar Receitas Internamente e Reinvesti-las em Inovação

Gerar receitas internamente não apenas fortalece a saúde financeira da empresa, mas também oferece uma fonte sustentável de financiamento para iniciativas inovadoras. Ao explorar oportunidades para desenvolver receitas internamente, as pequenas empresas podem criar um ciclo virtuoso de inovação e crescimento:

Diversificação de Produtos ou Serviços:

- *Identificação de Nichos de Mercado:* Explore nichos de mercado não atendidos e identifique oportunidades para lançar novos produtos ou serviços.
- *Ampliação da Oferta:* Considere expandir a linha de produtos ou serviços existentes para atrair novos clientes e aumentar as receitas.

Parcerias Estratégicas e Colaborações:

- *Alianças com Outras Empresas:* Explore parcerias estratégicas que possam gerar receitas adicionais, seja por meio de co-marketing, co-desenvolvimento ou acordos de distribuição.
- *Colaborações Inovadoras:* Colabore com outras empresas para criar soluções inovadoras que tenham potencial de gerar receitas significativas.

Modelos de Receitas Alternativos:

- *Assinaturas e Serviços Recorrentes:* Introduza modelos de assinaturas ou serviços recorrentes para estabelecer uma receita constante ao longo do tempo.
- *Venda de Ativos Intangíveis:* Monetize ativos intangíveis, como propriedade intelectual, através de licenciamento ou vendas.

Estratégias de Marketing e Vendas:

- *Aprimoramento da Estratégia de Marketing:* Refine as estratégias de marketing para alcançar novos segmentos de mercado e impulsionar as vendas.

- *Aumento da Retenção de Clientes:* Concentre-se em estratégias que melhorem a retenção de clientes, gerando receitas consistentes de clientes existentes.

Ao considerar tanto a realocação de recursos quanto o desenvolvimento de receitas internas, as pequenas empresas podem criar um ambiente propício para a inovação. Essas estratégias não apenas fornecem os meios financeiros necessários, mas também cultivam uma cultura de adaptação e evolução constante, fundamentais para o sucesso a longo prazo.

2. Subsídios Governamentais e Incentivos Fiscais: Estímulo Governamental para Inovação

Pesquisa e Desenvolvimento (P&D): Acesse Subsídios Governamentais Destinados a Promover a Pesquisa e Desenvolvimento

Os governos frequentemente reconhecem a importância estratégica da pesquisa e desenvolvimento (P&D) para o crescimento econômico e a competitividade global. Como parte de seus esforços para incentivar a inovação, muitos governos oferecem subsídios específicos para empresas que investem em P&D. Aqui estão alguns passos essenciais ao buscar e aproveitar esses subsídios:

Mapeamento de Oportunidades:

- *Agências Governamentais:* Identifique as agências governamentais responsáveis por conceder subsídios para P&D. Essas agências muitas vezes operam em níveis nacional, estadual ou regional.
- *Programas Específicos:* Explore programas específicos que se alinhem aos objetivos de P&D da sua empresa e às áreas de inovação que estão sendo exploradas.

Elaboração de Propostas Competitivas:

- *Projetos Alinhados aos Objetivos:* Desenvolva propostas que claramente demonstrem como os projetos de P&D contribuirão para os objetivos do programa governamental.
- *Rigor Técnico:* Certifique-se de que as propostas sejam tecnicamente sólidas, destacando os benefícios econômicos, sociais e tecnológicos dos projetos.

Parcerias Estratégicas:

- *Colaboração com Instituições de Pesquisa:* Considere parcerias com instituições de pesquisa, universidades ou outras empresas para fortalecer a credibilidade e os recursos do projeto.
- *Cooperação Internacional:* Avalie oportunidades de cooperação internacional, se aplicável, para projetos de P&D com impacto global.

Gerenciamento Eficiente de Recursos:

- *Acompanhamento e Relatórios:* Estabeleça sistemas eficazes de acompanhamento e relatórios para garantir a conformidade com os requisitos do subsídio e fornecer evidências claras do progresso do projeto.
- *Otimize o Uso de Recursos:* Demonstre como os recursos do subsídio serão otimizados para atingir os resultados desejados.

Créditos Fiscais: Explore Programas de Créditos Fiscais que Recompensam Atividades Inovadoras

Além dos subsídios diretos, muitos governos oferecem programas de créditos fiscais como uma forma de incentivar atividades inovadoras. Esses créditos podem ser uma maneira eficaz de reduzir a carga tributária da empresa e, ao mesmo tempo, fomentar a inovação. Aqui estão considerações-chave ao explorar programas de créditos fiscais:

Identificação de Atividades Elegíveis:

- *Critérios para Créditos:* Compreenda os critérios específicos que qualificam uma atividade para créditos fiscais. Isso pode incluir pesquisa e desenvolvimento, treinamento de pessoal, aquisição de tecnologia, entre outros.
- *Documentação Adequada:* Mantenha uma documentação meticulosa de todas as atividades elegíveis, garantindo que a empresa atenda aos requisitos para obter créditos fiscais.

Avaliação do Impacto Financeiro:

- *Cálculo Potencial:* Avalie o impacto financeiro potencial dos créditos fiscais, considerando a porcentagem de crédito oferecida e como ela se traduzirá em economias tributárias efetivas.
- *Planejamento Tributário:* Integre os créditos fiscais no planejamento tributário geral da empresa para garantir uma abordagem estratégica.

Conformidade com Regulamentações Locais:

- *Conformidade Contínua:* Esteja ciente das mudanças nas regulamentações fiscais e assegure-se de que a empresa esteja em conformidade contínua para evitar potenciais penalidades.
- *Assessoria Profissional:* Busque a orientação de profissionais especializados em impostos para garantir uma aplicação precisa e eficaz dos créditos fiscais.

Investimento em Treinamento e Desenvolvimento:

- *Treinamento de Pessoal:* Considere programas de créditos fiscais relacionados ao treinamento e desenvolvimento de funcionários, promovendo não apenas a inovação, mas também o crescimento das habilidades da equipe.

- *Inovação por Meio de Educação:* Explore oportunidades para aprimorar a inovação por meio de programas educacionais que possam ser elegíveis para créditos fiscais.

A combinação estratégica de subsídios governamentais e créditos fiscais pode proporcionar um impulso significativo às iniciativas inovadoras de uma empresa. Ao aproveitar essas oportunidades, as pequenas empresas podem aliviar parte da pressão financeira associada à inovação, ao mesmo tempo em que contribuem para objetivos mais amplos de desenvolvimento econômico e tecnológico.

3. Investidores Anjo e Capital de Risco: Parcerias Estratégicas para Impulsionar a Inovação

Investidores Anjo: Atraia Investidores Individuais Interessados em Apoiar Startups Promissoras

Os investidores anjo desempenham um papel fundamental na jornada de inovação das pequenas empresas, fornecendo não apenas capital financeiro, mas também expertise e redes valiosas. Ao atrair investidores anjo, as empresas podem beneficiar-se significativamente, não apenas do ponto de vista financeiro, mas também do aconselhamento estratégico e do acesso a recursos essenciais. Aqui estão algumas estratégias para atrair investidores anjo:

Clareza na Proposta de Valor:

- *Comunique o Potencial:* Destaque claramente o potencial de crescimento e os diferenciais que tornam a empresa atraente para os investidores anjo.
- *Narrativa Cativante:* Construa uma narrativa cativante que transmita a visão, missão e potencial disruptivo da empresa.

Demonstração de Tração e Progresso:

- *Resultados Tangíveis:* Apresente resultados tangíveis, como métricas de crescimento, receitas, parcerias estratégicas ou protótipos bem-sucedidos.
- *Milestones Concretos:* Compartilhe marcos alcançados e metas futuras, demonstrando um roteiro claro para o sucesso.

Transparência e Confiabilidade:

- *Transparência Financeira:* Seja transparente sobre as finanças da empresa, fornecendo dados precisos e compreensíveis.
- *Gestão de Riscos:* Aborde proativamente os desafios potenciais e demonstre como a equipe de gestão está preparada para gerenciá-los.

Networking e Visibilidade:

- *Eventos do Setor:* Participe ativamente de eventos do setor e redes de empreendedorismo para aumentar a visibilidade da empresa entre potenciais investidores anjo.
- *Participação em Pitch Events:* Aproveite oportunidades para apresentar a empresa em eventos de pitching, onde investidores anjo podem descobrir oportunidades de investimento.

Personalização da Abordagem:

- *Entendimento Individual:* Compreenda os interesses e objetivos individuais dos investidores anjo. Personalize a abordagem para destacar como a empresa se alinha aos seus critérios de investimento.
- *Relacionamento Pessoal:* Construa relacionamentos pessoais, destacando a importância do investidor anjo como parceiro estratégico, além de financiador.

Capital de Risco: Busque Investimentos de Firmas de Capital de Risco em Troca de Participação Acionária

Inovação: A Arte de Transformar Ideias em Valor

O capital de risco (venture capital) é uma forma mais institucionalizada de financiamento, geralmente fornecida por empresas de capital de risco (VCs). Essas firmas investem em empresas com alto potencial de crescimento em troca de participação acionária. A busca por investimentos de capital de risco envolve estratégias específicas:

Preparação de Materiais de Investimento:

- *Plano de Negócios Abrangente:* Desenvolva um plano de negócios abrangente que destaque o mercado, a estratégia de entrada, a concorrência, o modelo de receita e as projeções financeiras.
- *Apresentação Profissional:* Prepare uma apresentação profissional, geralmente conhecida como "pitch deck", que resuma de forma convincente a proposta de valor da empresa.

Segmentação de Investidores de Risco Adequados:

- *Pesquisa de Firmas de VC:* Identifique firmas de capital de risco que tenham histórico de investimentos em setores ou estágios semelhantes ao da sua empresa.
- *Compreensão dos Critérios:* Entenda os critérios de investimento da firma de VC, incluindo o tamanho do investimento desejado, a participação acionária esperada e o envolvimento no processo de gestão.

Networking e Introduções Estratégicas:

- *Conexões na Indústria:* Utilize redes profissionais para obter introduções estratégicas a investidores de risco. As recomendações de fontes confiáveis podem aumentar a confiança.
- *Participação em Eventos do Setor:* Assista a eventos do setor e conferências onde os VCs podem estar presentes. Estabeleça conexões pessoais sempre que possível.

Due Diligence e Negociação:

- *Preparação para Due Diligence:* Esteja preparado para uma análise rigorosa por parte dos investidores de risco. Isso inclui aspectos financeiros, legais, operacionais e estratégicos.
- *Negociação Hábil:* Desenvolva habilidades de negociação para garantir um acordo justo que beneficie tanto a empresa quanto os investidores de risco.

Alinhamento Estratégico com o VC:

- *Compreensão Mútua de Metas:* Alinhe as metas e expectativas da empresa com as do investidor de risco para garantir uma colaboração eficaz a longo prazo.
- *Valor Além do Dinheiro:* Considere o valor adicional que o VC pode trazer além do financiamento, como mentorias, conexões e expertise setorial.

Ao atrair investidores anjo e capital de risco, as empresas têm a oportunidade não apenas de obter financiamento crucial, mas também de aproveitar a experiência e as redes desses parceiros estratégicos. A escolha de investidores alinhados com a visão e os valores da empresa pode ser um fator crítico para o sucesso futuro.

4. Financiamento Coletivo (Crowdfunding): Empoderando a Comunidade para Impulsionar a Inovação

Campanhas Online: Utilize Plataformas de Crowdfunding para Arrecadar Fundos Diretamente de uma Comunidade Online

O crowdfunding é uma forma inovadora de angariar fundos, permitindo que empresas obtenham apoio financeiro diretamente de uma comunidade online interessada. Ao criar campanhas de crowdfunding, as empresas podem não apenas financiar projetos inovadores, mas também envolver a comunidade de uma maneira significativa. Aqui estão estratégias para uma campanha bem-sucedida:

Escolha da Plataforma Adequada:

- *Identificação da Plataforma:* Pesquise e escolha a plataforma de crowdfunding que melhor atenda às necessidades da sua empresa. Plataformas populares incluem Kickstarter, Indiegogo e GoFundMe.
- *Compreensão das Taxas:* Familiarize-se com as taxas associadas à plataforma escolhida, incluindo taxas de transação e taxas da plataforma.

Desenvolvimento de uma Narrativa Impactante:

- *História Cativante:* Construa uma história envolvente que destaque a importância do projeto e seu impacto potencial. Seja transparente e autêntico na comunicação.
- *Vídeos Atraentes:* Considere a criação de um vídeo atraente que apresente a equipe, o projeto e as recompensas propostas.

Definição de Metas Realistas:

- *Estabelecimento de Metas:* Determine uma meta financeira realista que cubra os custos do projeto. Estabeleça metas alcançáveis e divisíveis para manter o ímpeto durante a campanha.
- *Compreensão dos Custos:* Calcule cuidadosamente os custos associados à execução do projeto e defina a meta de financiamento com base nesses números.

Envolvimento Ativo da Comunidade:

- *Compartilhamento nas Redes Sociais:* Utilize as redes sociais para divulgar a campanha. Encoraje os apoiadores a compartilhar a campanha em suas redes para aumentar a visibilidade.
- *Atualizações Regulares:* Forneça atualizações regulares sobre o progresso da campanha. Mostre como as contribuições estão fazendo a diferença.

Recompensas e Participação: Ofereça Recompensas ou Participação Acionária aos Apoiadores, Dependendo da Plataforma Escolhida

Uma das características distintivas do crowdfunding é a capacidade de oferecer recompensas tangíveis aos apoiadores. Essas recompensas podem variar de produtos exclusivos a experiências exclusivas. Dependendo da plataforma escolhida, também é possível oferecer participação acionária aos apoiadores. Aqui estão considerações importantes:

Tipos de Recompensas:

- *Produtos ou Serviços:* Ofereça versões exclusivas do produto ou serviço que está sendo financiado. Essas recompensas tangíveis são frequentemente atraentes para os apoiadores.
- *Acessórios Exclusivos:* Crie acessórios exclusivos relacionados ao projeto que os apoiadores possam receber como recompensa.
- *Reconhecimento Especial:* Reconheça publicamente os apoiadores em materiais promocionais, site da empresa ou outros canais.

Participação Acionária:

- *Equity Crowdfunding:* Em algumas plataformas, como Seedrs ou Crowdcube, é possível oferecer participação acionária aos apoiadores. Isso significa que eles se tornam investidores na empresa.
- *Termos Claros:* Se optar por oferecer participação acionária, certifique-se de ter termos claros sobre a quantidade de participação e os benefícios associados.

Gestão Eficiente de Recompensas:

- *Logística de Entrega:* Desenvolva um plano logístico eficiente para entregar as recompensas aos apoiadores dentro do prazo prometido.
- *Comunicação Transparente:* Mantenha os apoiadores informados sobre o progresso na produção e entrega das recompensas.

Destaque da Comunidade:

- *Feedback dos Apoiadores:* Incentive os apoiadores a fornecer feedback contínuo. Isso cria um senso de comunidade e conectividade em torno do projeto.
- *Envolvimento Pós-Campanha:* Considere estratégias para manter o envolvimento da comunidade mesmo após o encerramento da campanha, como atualizações regulares sobre o projeto.

Ao utilizar o crowdfunding, as empresas têm a oportunidade de não apenas financiar seus projetos inovadores, mas também de criar uma comunidade engajada em torno de sua missão. A participação ativa dos apoiadores não apenas gera financiamento, mas também constrói defensores leais da marca.

5. Parcerias Estratégicas e Investidores Corporativos: Sinergias que Impulsionam a Inovação

Colaborações Empresariais: Explore Parcerias Estratégicas com Empresas que Compartilham Interesses Inovadores

Colaborações empresariais podem ser uma forma poderosa de impulsionar a inovação, permitindo que empresas combinem recursos, conhecimentos e experiências para alcançar objetivos comuns. Ao explorar parcerias estratégicas, as empresas podem acelerar o desenvolvimento de novas ideias, produtos ou serviços. Aqui estão estratégias para estabelecer colaborações empresariais eficazes:

Identificação de Parceiros Estratégicos:

- *Alinhamento de Objetivos:* Identifique empresas cujos objetivos e valores estejam alinhados com os da sua empresa. A convergência de metas é fundamental para uma colaboração bem-sucedida.
- *Complementaridade de Recursos:* Avalie os recursos que cada empresa traz para a parceria. Busque complementaridades que fortaleçam mutuamente as capacidades.

Acordos de Cooperação Claros:

- *Estruturação de Parcerias:* Estabeleça acordos claros e bem definidos que delineiem as responsabilidades, contribuições e benefícios de cada parceiro.
- *Flexibilidade para Inovação:* Desenvolva acordos que permitam flexibilidade para ajustes conforme a colaboração evolui e novas oportunidades surgem.

Compartilhamento de Conhecimento e Recursos:

- *Troca de Know-how:* Estabeleça mecanismos para a troca de conhecimento e experiência entre as equipes de ambas as empresas.
- *Acesso a Recursos Compartilhados:* Explore a possibilidade de compartilhar recursos físicos, como laboratórios, equipamentos, ou recursos intangíveis, como propriedade intelectual.

Avaliação Contínua do Desempenho:

- *Indicadores de Sucesso:* Defina indicadores claros de sucesso para a parceria e avalie periodicamente o desempenho em relação a esses indicadores.
- *Aprimoramento Contínuo:* Esteja aberto a ajustes e melhorias na colaboração com base no aprendizado contínuo e na evolução das necessidades.

Cultura de Inovação Compartilhada:

- *Fomento à Inovação:* Cultive uma cultura compartilhada de inovação, incentivando a experimentação e a busca conjunta por soluções criativas.
- *Eventos e Workshops Conjuntos:* Realize eventos, workshops ou hackathons conjuntos para estimular a colaboração e a geração de novas ideias.

Investidores Corporativos: Atraia Investimentos de Grandes Corporações que Buscam Inovação Externa

Investidores corporativos são grandes empresas que buscam oportunidades de investimento em startups ou empresas inovadoras para fortalecer sua posição no mercado e incorporar novas tecnologias às suas operações. Ao atrair investimentos de grandes corporações, as empresas podem não apenas obter financiamento, mas também acesso a recursos estratégicos e oportunidades de crescimento. Aqui estão estratégias para atrair investidores corporativos:

Mapeamento de Interesses e Estratégias:

- *Pesquisa Prévia:* Realize uma pesquisa detalhada sobre as grandes corporações que podem estar interessadas na sua área de inovação.
- *Entendimento das Estratégias de Investimento:* Compreenda as estratégias de investimento e as áreas de foco das corporações-alvo.

Desenvolvimento de Relacionamentos:

- *Participação em Eventos Setoriais:* Participe de eventos setoriais nos quais representantes de grandes corporações possam estar presentes. Esses eventos oferecem oportunidades para networking e apresentação da sua empresa.
- *Abordagem Proativa:* Aborde proativamente as corporações-alvo, destacando como a sua empresa pode agregar valor às operações delas.

Demonstração de Valor Estratégico:

- *Alinhamento de Objetivos:* Destaque como os objetivos estratégicos da sua empresa se alinham aos objetivos da corporação investidora.
- *Proposta de Valor Clara:* Apresente uma proposta de valor clara, destacando como a inovação da sua empresa pode beneficiar a corporação investidora.

Colaboração em P&D e Desenvolvimento de Produtos:

- *Projetos Colaborativos:* Proporcione oportunidades para projetos de pesquisa e desenvolvimento colaborativos que demonstrem a capacidade da sua empresa de contribuir para a inovação da corporação investidora.
- *Co-criação de Produtos:* Explore a possibilidade de co-criar produtos ou serviços que atendam às necessidades específicas da corporação investidora.

Compromisso com a Sustentabilidade e Responsabilidade Social:

- *Considerações ESG:* Demonstre compromisso com práticas ambientais, sociais e de governança (ESG), uma vez que muitas grandes corporações consideram esses aspectos em suas decisões de investimento.
- *Impacto Social e Ambiental:* Destaque o impacto social e ambiental positivo da sua empresa, se aplicável.

Negociação de Termos Transparentes:

- *Negociação Justa:* Esteja preparado para negociações transparentes e justas. Garanta que os termos do investimento estejam alinhados aos objetivos de ambas as partes.
- *Equilíbrio entre Finanças e Parceria Estratégica:* Busque um equilíbrio entre as necessidades

financeiras da sua empresa e o valor estratégico que a corporação investidora pode oferecer.

Atraindo investidores corporativos e estabelecendo parcerias estratégicas, as empresas podem obter não apenas financiamento, mas também acesso a uma gama diversificada de recursos e conhecimentos. Essas colaborações estratégicas

6. Linhas de Crédito Específicas para Inovação: Facilitando o Financiamento Estratégico

Empréstimos Específicos: Busque Linhas de Crédito ou Empréstimos Oferecidos por Instituições Financeiras Especificamente Destinados a Projetos Inovadores

Instituições financeiras reconhecem a importância da inovação para o crescimento econômico e frequentemente oferecem linhas de crédito específicas para apoiar projetos inovadores. Ao buscar empréstimos específicos para inovação, as empresas podem obter o capital necessário com condições e termos adaptados às demandas do ciclo de vida do projeto. Aqui estão estratégias para acessar essas linhas de crédito:

Pesquisa de Opções no Setor Financeiro:

- *Instituições Financeiras Especializadas:* Identifique instituições financeiras que tenham histórico de oferecer linhas de crédito específicas para projetos inovadores.
- *Consultoria Financeira:* Considere a busca de consultoria financeira especializada para orientação sobre as melhores opções disponíveis.

Elaboração de Propostas Abrangentes:

- *Plano de Negócios Detalhado:* Desenvolva um plano de negócios abrangente que destaque a natureza inovadora do projeto, seus objetivos, estratégias de execução e projeções financeiras.

- *Necessidades de Financiamento:* Apresente claramente as necessidades específicas de financiamento, demonstrando como os recursos serão alocados para impulsionar a inovação.

Avaliação da Capacidade de Pagamento:

- *Análise Financeira Rigorosa:* Prepare uma análise financeira rigorosa que destaque a capacidade da empresa de cumprir as obrigações de pagamento do empréstimo.
- *Histórico de Crédito:* Mantenha um histórico sólido de crédito, se possível, para reforçar a credibilidade da empresa aos olhos dos credores.

Negociação de Termos Favoráveis:

- *Taxas de Juros Competitivas:* Busque taxas de juros competitivas, considerando a natureza inovadora do projeto e os riscos associados.
- *Flexibilidade nos Termos:* Negocie termos flexíveis, incluindo carência para o início dos pagamentos, se necessário, para acomodar o ciclo de vida do projeto.

Monitoramento Ativo do Desempenho:

- *Relatórios Regulares:* Comprometa-se a fornecer relatórios regulares sobre o progresso do projeto, demonstrando transparência e responsabilidade na utilização dos fundos.
- *Adaptação aos Desafios:* Esteja preparado para comunicar proativamente e negociar com as instituições financeiras em caso de desafios inesperados no desenvolvimento do projeto.

Garantias Governamentais: Avalie Opções com Garantias Governamentais para Reduzir Riscos para os Credores

Para mitigar os riscos associados a projetos inovadores, algumas empresas podem buscar opções de empréstimos com garantias governamentais. Essas garantias podem proporcionar uma camada adicional de segurança aos credores, incentivando o apoio financeiro a projetos considerados estratégicos para o desenvolvimento econômico. Aqui estão estratégias para explorar opções com garantias governamentais:

Pesquisa de Programas Governamentais:

- *Identificação de Programas:* Pesquise programas governamentais que ofereçam garantias para empréstimos destinados a projetos inovadores.
- *Requisitos e Critérios:* Compreenda os requisitos e critérios específicos para se qualificar para garantias governamentais.

Parceria com Agências Governamentais:

- *Contato Direto:* Estabeleça contato direto com agências governamentais responsáveis por fornecer garantias para projetos inovadores.
- *Assessoria Especializada:* Busque assessoria especializada para orientação sobre o processo de solicitação e os detalhes do programa.

Preparação Documental Abrangente:

- *Documentação Detalhada:* Prepare uma documentação detalhada que destaque a importância estratégica do projeto, sua viabilidade e contribuição para metas governamentais.
- *Plano de Riscos e Mitigação:* Apresente um plano robusto de gestão de riscos, demonstrando a capacidade da empresa de antecipar e mitigar desafios.

Alinhamento com Prioridades Governamentais:

- *Argumentação Estratégica:* Alinhe o projeto com as prioridades e objetivos governamentais, destacando como ele contribuirá para o desenvolvimento econômico, a criação de empregos ou a inovação tecnológica.
- *Sustentabilidade e Impacto Social:* Se aplicável, destaque os aspectos sustentáveis e impactos sociais positivos do projeto, alinhando-os aos objetivos governamentais.

Compromisso de Cumprimento de Requisitos:

- *Conformidade Rigorosa:* Comprometa-se a cumprir rigorosamente os requisitos do programa, garantindo que a empresa esteja em conformidade com as diretrizes estabelecidas.
- *Transparência Contínua:* Mantenha uma comunicação transparente com as agências governamentais, fornecendo atualizações regulares sobre o progresso do projeto.

Ao acessar linhas de crédito específicas para inovação e considerar garantias governamentais, as empresas podem obter o suporte financeiro necessário para impulsionar seus projetos inovadores, ao mesmo tempo em que reduzem os riscos percebidos pelos credores. Essas estratégias são especialmente relevantes para projetos que possuem um alto potencial de impacto e alinhamento com as metas de desenvolvimento econômico.

7. Incubadoras e Aceleradoras: Impulsionando Startups Rumo ao Sucesso

Programas de Incubação: Participe de Programas de Incubação que Oferecem Suporte Financeiro, Mentoria e Recursos Físicos

As incubadoras desempenham um papel crucial no apoio ao crescimento de startups, oferecendo não apenas financiamento, mas também orientação estratégica e acesso a recursos valiosos. Participar de programas de incubação pode ser uma estratégia eficaz para impulsionar projetos inovadores. Aqui estão estratégias para se beneficiar desses programas:

Identificação de Programas Adequados:

- *Pesquisa de Incubadoras:* Identifique incubadoras que tenham histórico de sucesso em apoiar projetos semelhantes ao seu.
- *Avaliação de Programas:* Analise os programas oferecidos, incluindo o suporte financeiro, a mentoria, os recursos físicos e os serviços adicionais.

Desenvolvimento de Proposta de Valor:

- *Proposta de Valor Clara:* Desenvolva uma proposta de valor clara que destaque como o seu projeto se alinha aos objetivos da incubadora.
- *Apresentação Profissional:* Prepare uma apresentação profissional que destaque não apenas a inovação do projeto, mas também a capacidade da sua equipe de executá-lo com sucesso.

Comprometimento com o Programa:

- *Participação Ativa:* Demonstre o comprometimento da sua equipe em participar ativamente do programa de incubação.
- *Colaboração com Mentores:* Esteja aberto a colaborar com mentores designados pela incubadora, aproveitando ao máximo suas experiências e conhecimentos.

Networking e Oportunidades de Parceria:

- *Eventos e Workshops:* Participe ativamente de eventos e workshops organizados pela incubadora para expandir sua rede e explorar oportunidades de parceria.

- *Colaborações com Outras Startups:* Estabeleça relações colaborativas com outras startups no programa, promovendo sinergias e troca de conhecimento.

Aproveitamento dos Recursos Físicos:

- *Utilização Eficiente de Espaços:* Tire proveito dos espaços de trabalho compartilhados e outros recursos físicos oferecidos pela incubadora.
- *Acesso a Laboratórios e Equipamentos:* Se aplicável, explore a utilização de laboratórios e equipamentos especializados disponíveis na incubadora.

Aceleradoras de Startups: Acesse Aceleradoras que, Além de Investimentos, Proporcionam Orientação Estratégica e Acesso a Redes de Contatos

As aceleradoras são organizações que fornecem suporte intensivo a startups, normalmente em troca de participação acionária. Além do financiamento, as aceleradoras oferecem orientação estratégica, mentoria e acesso valioso a redes de contatos. Participar de uma aceleradora pode ser uma estratégia eficaz para acelerar o crescimento do seu projeto inovador. Aqui estão estratégias para maximizar os benefícios de uma aceleradora:

Pesquisa de Aceleradoras Adequadas:

- *Avaliação de Histórico:* Pesquise o histórico de sucesso das aceleradoras em termos de crescimento de startups e parcerias estabelecidas.
- *Alinhamento de Setores:* Escolha aceleradoras que tenham experiência no seu setor específico de inovação.

Preparação de Materiais de Candidatura:

- *Pitch Convincing:* Desenvolva um pitch convincente que destaque não apenas a inovação do projeto, mas também o potencial de crescimento e impacto no mercado.
- *Identificação de Necessidades:* Mostre como a aceleradora pode atender às necessidades específicas do seu projeto.

Compromisso Ativo com o Programa:

- *Participação Intensiva:* Esteja preparado para um compromisso intensivo durante o período da aceleração, aproveitando todas as oportunidades oferecidas.
- *Feedback Construtivo:* Esteja aberto a receber feedback construtivo e usar esse feedback para aprimorar constantemente o seu projeto.

Networking e Exposição à Indústria:

- *Eventos e Conferências:* Participe de eventos e conferências organizados pela aceleradora para expandir sua rede e aumentar a visibilidade do projeto.
- *Acesso a Investidores:* Tire proveito das oportunidades de apresentar seu projeto a investidores e potenciais parceiros de negócios.

Mentoria Especializada:

- *Colaboração com Mentores:* Colabore ativamente com os mentores designados pela aceleradora, aproveitando seus conhecimentos e experiências.
- *Sessões de Mentoria Regular:* Participe regularmente de sessões de mentoria para discutir desafios, estratégias e metas.

Aproveitamento da Rede de Ex-Alunos:

- *Conexões a Longo Prazo:* Aproveite as conexões com outros empreendedores que passaram pela aceleradora, construindo relacionamentos a longo prazo.
- *Troca de Experiências:* Engaje-se em atividades de networking que permitam a troca de experiências e aprendizados entre ex-alunos da aceleradora.

Ao participar ativamente de programas de incubação e aceleração, as startups podem aproveitar recursos valiosos, orientação estratégica e acesso a redes de contatos que impulsionarão seu crescimento e sucesso a longo prazo. Estas plataformas oferecem um ambiente propício para o desenvolvimento de projetos inovadores, proporcionando suporte multifacetado para as startups se destacarem no cenário competitivo.

8. Empréstimos de Desenvolvimento Econômico Local: Impulsionando a Inovação no Cenário Comunitário

Agências de Desenvolvimento: Conecte-se com Agências Locais que Oferecem Empréstimos a Taxas Preferenciais para Promover o Desenvolvimento Econômico Local

Agências de desenvolvimento econômico local desempenham um papel fundamental no apoio a iniciativas que impulsionam o crescimento e a inovação dentro de uma comunidade. Conectar-se a essas agências pode ser uma estratégia eficaz para obter empréstimos a taxas preferenciais e outros recursos. Aqui estão estratégias para aproveitar essas oportunidades:

Pesquisa de Agências Locais:

- *Identificação de Agências:* Pesquise e identifique as agências de desenvolvimento econômico local em sua região.

- *Histórico de Financiamento:* Avalie o histórico dessas agências em fornecer financiamento para projetos inovadores.

Alinhamento com Objetivos Locais:

- *Identificação de Objetivos:* Alinhe seu projeto aos objetivos e prioridades específicos da agência de desenvolvimento.
- *Contribuição para a Comunidade:* Destaque como seu projeto contribuirá para o desenvolvimento econômico local, criação de empregos e avanço da comunidade.

Desenvolvimento de Parcerias Locais:

- *Parcerias Estratégicas:* Explore oportunidades de estabelecer parcerias com outras empresas locais apoiadas pela agência.
- *Rede de Contatos:* Aproveite as redes de contatos da agência para fortalecer colaborações e sinergias com outros empreendedores locais.

Elaboração de Propostas Personalizadas:

- *Proposta Sob Medida:* Elabore propostas personalizadas que destaquem como o financiamento será utilizado para promover objetivos específicos da agência.
- *Impacto na Economia Local:* Mostre como o projeto terá um impacto positivo na economia local a curto e longo prazo.

Comprometimento com Práticas Sustentáveis:

- *Sustentabilidade:* Demonstre um compromisso claro com práticas comerciais sustentáveis e responsáveis.
- *Impacto Ambiental e Social:* Avalie e destaque o impacto positivo do projeto no meio ambiente e na comunidade.

Compromisso com a Comunidade: Demonstre como os Projetos Inovadores Beneficiarão a Comunidade Local para Aumentar as Chances de Aprovação

Ao buscar empréstimos para projetos inovadores, demonstrar como o projeto beneficiará diretamente a comunidade local pode aumentar significativamente as chances de aprovação. Aqui estão estratégias para destacar o compromisso com a comunidade:

Engajamento em Iniciativas Comunitárias:

- *Participação em Eventos Locais:* Esteja envolvido em eventos comunitários para mostrar o compromisso contínuo com a comunidade.
- *Patrocínio de Iniciativas:* Considere patrocinar ou participar de iniciativas comunitárias, mostrando que seu projeto contribuirá para o bem-estar geral.

Criação de Empregos Locais:

- *Plano de Criação de Empregos:* Desenvolva um plano claro para criar empregos locais como resultado direto do projeto.
- *Treinamento e Desenvolvimento:* Destaque programas de treinamento e desenvolvimento que beneficiarão os membros da comunidade.

Impacto Positivo na Infraestrutura Local:

- *Melhoria da Infraestrutura:* Se o projeto envolver melhorias na infraestrutura local, destaque como isso beneficiará os residentes.
- *Acessibilidade e Sustentabilidade:* Mostre como o projeto melhorará a acessibilidade e promoverá práticas sustentáveis na comunidade.

Colaboração com Organizações Locais:

- *Parcerias com Organizações Não Lucrativas:* Explore parcerias com organizações sem fins lucrativos locais para amplificar o impacto social do projeto.
- *Inclusão e Diversidade:* Demonstre um compromisso claro com a inclusão e diversidade em todas as fases do projeto.

Transparência e Envolvimento da Comunidade:

- *Sessões de Consulta Pública:* Realize sessões de consulta pública para envolver a comunidade nas decisões relacionadas ao projeto.
- *Transparência na Comunicação:* Mantenha uma comunicação transparente sobre os desenvolvimentos do projeto, abordando preocupações e obtendo feedback da comunidade.

Ao integrar o compromisso com a comunidade nas propostas de empréstimos, as empresas podem não apenas garantir o suporte financeiro necessário, mas também construir relacionamentos sólidos e sustentáveis com a comunidade local. Essa abordagem reforça a responsabilidade social corporativa e posiciona o projeto como um contribuinte positivo para o desenvolvimento econômico e social da região.

9. Competições e Prêmios de Inovação: Elevando Projetos ao Reconhecimento e Investimento

Participação em Concursos: Envie Projetos para Competições de Inovação que Oferecem Prêmios em Dinheiro ou Investimentos

Competições de inovação representam uma oportunidade única para startups e projetos inovadores ganharem reconhecimento, visibilidade e financiamento. Participar desses concursos pode não apenas resultar em prêmios em dinheiro, mas também abrir portas para investimentos significativos. Aqui estão estratégias para aproveitar ao máximo essas competições:

Pesquisa Estratégica de Competições:

- *Identificação de Oportunidades:* Pesquise e identifique competições de inovação relevantes para o seu setor e tipo de projeto.
- *Critérios de Avaliação:* Entenda os critérios de avaliação e as áreas de foco específicas de cada competição.

Elaboração de Propostas Impactantes:

- *Narrativa Cativante:* Desenvolva uma narrativa cativante que destaque a inovação, viabilidade e impacto do seu projeto.
- *Apresentação Visual Atraente:* Crie apresentações visuais atraentes que complementem e reforcem a mensagem da sua proposta.

Adaptação da Participação ao Perfil da Competição:

- *Ajuste Estratégico:* Adapte sua participação para se alinhar aos requisitos e expectativas específicas de cada competição.
- *Destaque de Pontos Fortes:* Concentre-se em destacar os pontos fortes do seu projeto que se alinham aos objetivos da competição.

Networking Durante os Eventos:

- *Participação Ativa:* Esteja ativamente envolvido durante eventos e cerimônias de premiação, aproveitando para fazer networking.
- *Contatos com Jurados e Patrocinadores:* Busque oportunidades para interagir com jurados e patrocinadores, apresentando seu projeto de forma mais pessoal.

Reconhecimento e Visibilidade: Além do Financiamento, Destaque e Visibilidade Podem Surgir como Benefícios Adicionais

Além dos prêmios em dinheiro ou investimentos, competições de inovação oferecem reconhecimento e visibilidade valiosos para os participantes. Esses benefícios podem ter um impacto significativo no crescimento e no sucesso futuro do projeto. Aqui estão estratégias para maximizar esses benefícios adicionais:

Estratégias de Marketing Pós-Competição:

- *Divulgação de Conquistas:* Utilize os resultados da competição como parte de sua estratégia de marketing, destacando as conquistas e prêmios.
- *Materiais de Imprensa:* Prepare materiais de imprensa para distribuição a veículos de mídia, destacando a participação e eventuais vitórias.

Aproveitamento de Redes Sociais e Mídias Digitais:

- *Atualizações e Agradecimentos:* Publique atualizações regulares em suas redes sociais agradecendo pela participação e compartilhando os resultados.
- *Engajamento com Seguidores:* Interaja com seguidores, respondendo a perguntas e compartilhando insights sobre a experiência na competição.

Networking com Outros Participantes e Patrocinadores:

- *Relacionamentos Pós-Competição:* Mantenha relacionamentos com outros participantes e patrocinadores, explorando oportunidades de colaboração.
- *Agradecimentos Personalizados:* Envie agradecimentos personalizados a patrocinadores e apoiadores, mostrando apreço pela oportunidade.

Inclusão de Prêmios no Material de Apresentação:

- *Integração em Apresentações Futuras:* Incorpore a conquista de prêmios em apresentações futuras sobre o projeto, aumentando a credibilidade.
- *Destaque em Documentação de Investimento:* Destaque os prêmios conquistados em documentos ou apresentações usados para atrair investidores.

Participar de competições de inovação vai além da busca por financiamento; é uma oportunidade estratégica para aumentar a visibilidade, construir credibilidade e estabelecer conexões valiosas na comunidade empresarial e de investimentos. Ao integrar efetivamente os benefícios do reconhecimento e da visibilidade em sua estratégia, os participantes podem alavancar o impacto positivo dessas competições em seu caminho rumo ao sucesso.

10. Blockchain e Criptomoedas: Transformando a Captação de Recursos com ICOs e Contratos Inteligentes

Ofertas Iniciais de Moedas (ICOs): Explore a Possibilidade de Realizar uma ICO para Arrecadar Fundos por Meio de Criptomoedas

As Ofertas Iniciais de Moedas (ICOs) representam uma inovação significativa na captação de recursos, permitindo que projetos arrecadem fundos diretamente de investidores por meio de criptomoedas. Essa abordagem descentralizada oferece oportunidades únicas para startups e projetos inovadores. Aqui estão estratégias para explorar a realização de uma ICO:

Pesquisa e Conformidade Regulatória:

- *Estudo Detalhado:* Realize uma pesquisa detalhada sobre o processo e os requisitos para realizar uma ICO.

- *Conformidade Regulatória:* Esteja ciente das regulamentações locais e internacionais para garantir a conformidade durante a realização da ICO.

Desenvolvimento de White Paper Transparente:

- *Descrição Detalhada do Projeto:* Elabore um white paper detalhado descrevendo o projeto, seus objetivos, a tecnologia envolvida e o modelo de negócios.
- *Termos e Condições:* Inclua termos transparentes e claros sobre como os fundos arrecadados serão utilizados e os benefícios oferecidos aos investidores.

Implementação de Estratégias de Marketing:

- *Campanha de Conscientização:* Crie uma campanha de conscientização sobre a ICO, destacando os aspectos inovadores do projeto.
- *Envolvimento da Comunidade:* Envolver ativamente a comunidade cripto e potenciais investidores por meio de fóruns, redes sociais e outros canais relevantes.

Estabelecimento de Metas Realistas:

- *Definição de Metas de Arrecadação:* Estabeleça metas realistas de arrecadação alinhadas com as necessidades do projeto.
- *Recompensas para Investidores:* Ofereça recompensas atraentes para os investidores, como tokens adicionais, acesso exclusivo ou outros benefícios.

Contratos Inteligentes: Utilize Contratos Inteligentes Baseados em Blockchain para Estabelecer Termos Transparentes de Investimento

Os contratos inteligentes, implementados em plataformas blockchain, automatizam e garantem a execução transparente de acordos sem a necessidade de intermediários. Ao utilizar contratos inteligentes, os projetos inovadores podem estabelecer termos de investimento de maneira eficiente e segura. Aqui estão estratégias para aproveitar os contratos inteligentes:

Escolha da Plataforma Blockchain Adequada:

- *Seleção de Plataforma:* Escolha uma plataforma blockchain adequada para a implementação de contratos inteligentes, como Ethereum, Binance Smart Chain ou Solana.
- *Avaliação de Custos:* Avalie os custos associados à execução de contratos inteligentes na plataforma escolhida.

Desenvolvimento de Código Seguro e Eficiente:

- *Parceria com Desenvolvedores Especializados:* Colabore com desenvolvedores experientes em contratos inteligentes para garantir a segurança e eficiência do código.
- *Testes Rigorosos:* Realize testes rigorosos para identificar e corrigir potenciais vulnerabilidades antes da implementação.

Transparência nos Termos do Contrato:

- *Detalhes Claros:* Garanta que os termos do contrato inteligente sejam claros, transparentes e compreensíveis para os investidores.
- *Divulgação Antecipada:* Forneça informações detalhadas sobre como os contratos inteligentes serão executados e os eventos que acionarão automaticamente as cláusulas.

Automatização de Distribuição de Tokens:

- *Lógica de Distribuição:* Configure contratos inteligentes para automatizar a distribuição de tokens aos investidores de acordo com os termos estabelecidos.
- *Acompanhamento Transparente:* Proporcione meios para que os investidores possam rastrear facilmente suas participações e transações por meio da blockchain.

Monitoramento Contínuo e Atualizações:

- *Mecanismos de Atualização:* Implemente mecanismos que permitam atualizações transparentes e seguras nos contratos inteligentes, se necessário.
- *Monitoramento Contínuo:* Estabeleça processos de monitoramento contínuo para garantir o bom funcionamento dos contratos inteligentes ao longo do tempo.

Ao explorar ICOs e contratos inteligentes, os projetos inovadores podem aproveitar o potencial transformador da tecnologia blockchain para arrecadar fundos de forma descentralizada e estabelecer termos de investimento eficientes e transparentes. Essas abordagens oferecem uma alternativa emocionante e disruptiva aos métodos tradicionais de captação de recursos.

Ao combinar estratégias tradicionais e inovadoras de financiamento, as pequenas empresas podem criar uma base sólida para apoiar iniciativas inovadoras. Cada opção de financiamento traz consigo oportunidades e desafios únicos, sendo crucial uma abordagem estratégica alinhada aos objetivos específicos de inovação e crescimento da empresa.

Além das opções de financiamento mencionadas anteriormente, há uma variedade de outras opções que as pequenas empresas podem explorar para garantir os recursos financeiros necessários. Vamos explorar algumas dessas opções:

Linhas de Crédito Tradicionais:

- *Empréstimos Bancários:* As pequenas empresas podem buscar empréstimos em bancos, onde o montante e os termos variam com base na saúde financeira da empresa e na relação com o banco.
- *Linhas de Crédito Rotativo:* Oferecem flexibilidade, permitindo que as empresas acessem fundos conforme necessário e paguem apenas pelos valores utilizados.

Microcrédito:

- *Organizações de Microfinanciamento:* Algumas organizações oferecem microcrédito para pequenas empresas, especialmente aquelas em comunidades de baixa renda. Esses empréstimos geralmente têm valores menores e termos mais flexíveis.

Financiamento por Fornecedores:

- *Acordos de Pagamento Estendidos:* Negociação de termos de pagamento estendidos com fornecedores pode funcionar como uma forma de financiamento, permitindo que a empresa use os bens ou serviços antes de efetuar o pagamento total.

Financiamento de Equipamentos:

- *Arrendamento Financeiro:* Permite que as empresas aluguem equipamentos com a opção de comprar no final do contrato. Isso pode reduzir os custos iniciais de aquisição.

Crowdfunding de Equity:

- *Plataformas de Crowdfunding:* Empresas podem oferecer participação acionária em troca de financiamento em plataformas de crowdfunding de equity, permitindo que investidores individuais se tornem acionistas.

Factoring:

- *Venda de Faturas:* Empresas podem vender suas faturas a uma empresa de factoring em troca de um adiantamento em dinheiro. Isso pode ajudar a melhorar o fluxo de caixa.

Sociedades e Parcerias:

- *Investidores Anjo:* Indivíduos ricos podem investir em pequenas empresas em troca de participação acionária.
- *Capital de Risco:* Empresas de capital de risco podem fornecer financiamento substancial em troca de participação significativa.

Programas de Aceleração e Incubadoras:

- *Aceleradoras:* Além do investimento financeiro, muitas aceleradoras oferecem orientação estratégica, espaço de escritório e networking.
- *Incubadoras:* Fornecem suporte a longo prazo, incluindo recursos físicos, mentoria e assistência operacional.

Empréstimos Online e Financiamento Peer-to-Peer:

- *Plataformas de Empréstimos Online:* Oferecem empréstimos a pequenas empresas com taxas e termos variáveis. O financiamento peer-to-peer conecta empresas diretamente a investidores.

Subsídios Governamentais:

- *Programas de Subsídios:* Muitos governos oferecem subsídios para apoiar iniciativas específicas. As pequenas empresas podem buscar esses subsídios para financiar projetos.

Empréstimos Específicos para Setores:

- *Empréstimos para Setores Específicos:* Alguns setores têm programas de empréstimos específicos que oferecem taxas preferenciais para empresas relacionadas a essas indústrias.

Linhas de Crédito Específicas para Inovação:

- *Incentivos Fiscais:* Em alguns lugares, as empresas podem receber créditos fiscais como incentivo para inovar em determinadas áreas.

Ao explorar essas opções, é crucial que as pequenas empresas avaliem suas necessidades específicas, capacidade de reembolso e objetivos a longo prazo. A combinação certa de fontes de financiamento pode fornecer o suporte financeiro necessário para o crescimento sustentável e o sucesso contínuo do negócio.

Capítulo 5:Maximizando Recursos com Orçamento Limitado: Estratégias Eficientes para Inovar

Para pequenas empresas e startups, inovar com eficiência em um ambiente de orçamento limitado é um desafio comum. No entanto, existem estratégias inteligentes que podem ajudar a maximizar os recursos disponíveis e impulsionar a inovação de maneira eficiente. Aqui estão algumas abordagens práticas:

1. Foco na Inovação Incremental: Transformando Pequenos Passos em Grandes Avanços

Passos Graduais: Concentre-se em Melhorias Incrementais em Produtos, Processos ou Serviços

A inovação incremental é uma abordagem poderosa que permite que as empresas avancem de maneira constante, adotando melhorias gradativas em seus produtos, processos ou serviços. Em vez de buscar revoluções dramáticas, as empresas se concentram em otimizar e aprimorar elementos existentes. Aqui estão algumas estratégias para implementar essa abordagem eficaz:

Análise de Processos e Produtos:

- *Avaliação Detalhada:* Realize uma análise abrangente dos processos internos e dos produtos existentes.
- *Identificação de Oportunidades:* Identifique áreas específicas onde melhorias incrementais podem ser implementadas com impacto positivo.

Estabelecimento de Metas Realistas:

- *Metas Mensuráveis:* Estabeleça metas mensuráveis e realistas para as melhorias desejadas.
- *Priorização de Iniciativas:* Classifique as iniciativas com base em sua prioridade e impacto potencial.

Envolvimento da Equipe:

- *Criação de Cultura Inovadora:* Promova uma cultura que valorize a contribuição de ideias inovadoras de todos os membros da equipe.
- *Brainstorming Regular:* Realize sessões regulares de brainstorming para gerar ideias sobre melhorias incrementais.

Implementação Gradual:

- *Fases de Implementação:* Divida a implementação em fases, permitindo que cada etapa seja concluída antes de passar para a próxima.
- *Testes Constantes:* Realize testes contínuos durante a implementação para avaliar o impacto e a eficácia das mudanças.

Feedback Iterativo: Use Feedback Contínuo dos Clientes e Colaboradores para Aprimorar Constantemente as Soluções Existentes

O feedback contínuo é uma ferramenta valiosa na busca por inovação incremental. Ao envolver clientes e colaboradores, as empresas podem obter insights valiosos que orientam o processo de melhoria contínua. Aqui estão algumas estratégias para incorporar feedback iterativo:

Mecanismos de Coleta de Feedback:

- *Pesquisas e Questionários:* Implemente pesquisas regulares para coletar feedback específico sobre produtos, serviços ou processos.
- *Canais de Comunicação Abertos:* Mantenha canais abertos de comunicação para que clientes e colaboradores possam fornecer feedback espontâneo.

Análise e Avaliação Constantes:

- *Análise de Tendências:* Analise tendências no feedback para identificar padrões e áreas de melhoria comuns.
- *Avaliação de Impacto:* Avalie o impacto de ajustes ou melhorias com base no feedback recebido.

Resposta Proativa:

- *Ações Rápidas:* Responda rapidamente ao feedback, implementando mudanças sempre que possível.

- *Comunicação Transparente:* Mantenha uma comunicação transparente sobre como o feedback está sendo utilizado e as melhorias que estão sendo implementadas.

Envolvimento dos Colaboradores:

- *Programas de Incentivo:* Implemente programas de incentivo para encorajar colaboradores a contribuir com ideias e feedback construtivo.
- *Reconhecimento:* Reconheça e celebre contribuições significativas, incentivando uma cultura colaborativa.

Adaptação Contínua:

- *Ciclo de Melhoria Contínua:* Veja o feedback como parte de um ciclo contínuo de melhoria, onde as ações são ajustadas com base nos resultados observados.
- *Flexibilidade para Mudanças:* Esteja disposto a adaptar estratégias com base em insights contínuos, garantindo que a inovação esteja alinhada com as necessidades do público-alvo.

Ao implementar uma abordagem de inovação incremental com feedback iterativo, as empresas podem transformar pequenos passos em grandes avanços. Essa metodologia não apenas permite melhorias sustentáveis, mas também cria um ciclo virtuoso de inovação contínua e aprimoramento constante.

2. Colaboração e Networking: Impulsionando a Inovação por Meio de Parcerias Estratégicas e Compartilhamento de Recursos

Parcerias Estratégicas: Colabore com Outras Empresas, Startups ou Organizações que Compartilhem Interesses Similares, Compartilhando Custos e Conhecimentos

A colaboração estratégica é uma poderosa alavanca para impulsionar a inovação, especialmente para empresas com recursos limitados. Ao unir forças com outras organizações que compartilham interesses similares, as empresas podem acelerar o desenvolvimento, reduzir custos e explorar novas oportunidades. Aqui estão estratégias para estabelecer parcerias estratégicas eficazes:

Identificação de Parceiros Adequados:

- *Alinhamento de Objetivos:* Escolha parceiros cujos objetivos estejam alinhados com os da sua empresa, garantindo uma colaboração mais harmoniosa.
- *Complementaridade de Recursos:* Busque parceiros que ofereçam recursos complementares, preenchendo lacunas existentes na sua capacidade ou conhecimento.

Definição Clara de Papéis e Responsabilidades:

- *Acordo Contratual:* Estabeleça acordos contratuais claros que definam os papéis, responsabilidades e expectativas de cada parceiro.
- *Metas Compartilhadas:* Garanta que as metas de inovação estejam claramente delineadas e sejam compartilhadas entre todas as partes.

Compartilhamento de Conhecimentos:

- *Troca de Experiências:* Promova uma cultura de troca aberta de experiências, ideias e conhecimentos entre os parceiros.
- *Eventos Colaborativos:* Realize eventos colaborativos, como workshops e sessões de brainstorming, para fomentar a criatividade conjunta.

Compartilhamento de Recursos: Explore Oportunidades para Compartilhar Recursos Físicos, como Espaço de Escritório, Equipamentos e Instalações

O compartilhamento de recursos físicos é uma estratégia eficaz para otimizar custos, aumentar a eficiência operacional e permitir que as empresas se concentrem em áreas-chave de especialização. Aqui estão maneiras de explorar oportunidades de compartilhamento de recursos:

Espaço de Escritório Compartilhado:

- *Coworking:* Considere espaços de coworking para escritórios, onde várias empresas compartilham o mesmo ambiente de trabalho, reduzindo custos imobiliários.
- *Hot Desking:* Implemente o conceito de hot desking, onde os funcionários compartilham estações de trabalho em vez de terem mesas fixas.

Compartilhamento de Equipamentos:

- *Programas de Compartilhamento:* Explore programas de compartilhamento de equipamentos, especialmente para itens especializados ou de uso infrequente.
- *Locação em Conjunto:* Considere a possibilidade de empresas diferentes alugarem equipamentos em conjunto para obter descontos.

Infraestrutura e Instalações Compartilhadas:

- *Armazéns e Depósitos:* Compartilhe espaço de armazenamento com outras empresas, reduzindo os custos associados a instalações próprias.
- *Centros de Inovação:* Participe de centros de inovação que ofereçam instalações compartilhadas, laboratórios e equipamentos de última geração.

Redução de Custos e Impacto Ambiental:

- *Eficiência Energética:* Compartilhe iniciativas de eficiência energética para reduzir custos e impacto ambiental.

- *Logística Compartilhada:* Colabore em operações logísticas, como transporte e entrega, para otimizar custos e reduzir emissões.

Desenvolvimento de Redes Profissionais:

- *Eventos de Networking:* Participe de eventos de networking e conferências para estabelecer conexões valiosas que podem levar a parcerias e oportunidades de compartilhamento.
- *Associações e Grupos Setoriais:* Junte-se a associações e grupos setoriais que facilitam a interação entre empresas com interesses semelhantes.

Ao adotar uma abordagem colaborativa, as empresas podem multiplicar seus recursos, acelerar o processo de inovação e criar um ambiente propício para o crescimento sustentável. A colaboração e o compartilhamento de recursos não apenas reduzem custos, mas também proporcionam uma plataforma para abordagens inovadoras e soluções fora da caixa.

3. Aproveitamento de Tecnologias Acessíveis: Maximizando Recursos com Software Open Source e Ferramentas Gratuitas

Aproveitamento de Software Open Source: Utilize Software de Código Aberto para Reduzir Custos de Licenciamento e Aproveitar Comunidades Ativas de Desenvolvedores

O uso de software de código aberto (open source) é uma estratégia inteligente para pequenas empresas e startups que desejam inovar com orçamento limitado. O software de código aberto não apenas oferece alternativas econômicas aos programas licenciados, mas também permite o acesso a comunidades globais de desenvolvedores. Aqui estão maneiras de aproveitar ao máximo o software open source:

Identificação de Alternativas de Código Aberto:

- *Análise de Necessidades:* Identifique as necessidades específicas de software na empresa e busque alternativas de código aberto que atendam a essas demandas.
- *Comunidades Ativas:* Escolha soluções que tenham comunidades de desenvolvedores ativas, garantindo suporte e atualizações regulares.

Plataformas de Colaboração e Desenvolvimento:

- *Sistemas de Gerenciamento de Projetos:* Utilize plataformas de código aberto para gerenciar projetos, como o GitLab ou o Redmine, para colaboração eficiente.
- *Plataformas de Desenvolvimento Web:* Frameworks como Django (Python) e Ruby on Rails (Ruby) são excelentes opções para desenvolvimento web eficiente.

Sistemas Operacionais e Produtividade:

- *Sistemas Operacionais:* Considere a adoção de sistemas operacionais de código aberto, como Linux, como alternativa aos sistemas pagos.
- *Suítes de Produtividade:* LibreOffice oferece uma alternativa de código aberto para suítes de produtividade, como Microsoft Office.

Segurança e Proteção de Dados:

- *Soluções de Segurança:* Use ferramentas de segurança de código aberto, como o ClamAV para antivírus ou o Wireshark para análise de rede.
- *Sistemas de Backup:* Implemente sistemas de backup de código aberto, como o Bacula, para proteger dados críticos.

Atualizações e Suporte Técnico:

- *Comunidades de Desenvolvedores:* Faça parte das comunidades de usuários e desenvolvedores para obter suporte técnico, compartilhar conhecimento e contribuir para melhorias.
- *Atualizações Regulares:* Escolha soluções de código aberto que recebam atualizações regulares para garantir a segurança e a estabilidade.

Aproveitamento de Ferramentas Gratuitas: Aproveite Ferramentas Gratuitas Disponíveis Online para Tarefas como Gerenciamento de Projetos, Design e Marketing

Além do software open source, há uma variedade de ferramentas gratuitas disponíveis online que podem atender às necessidades de gerenciamento, design e marketing. Essas ferramentas oferecem funcionalidades robustas sem os custos associados às soluções premium. Aqui estão algumas áreas em que você pode aproveitar ferramentas gratuitas:

Gerenciamento de Projetos:

- *Trello:* Uma plataforma intuitiva de gerenciamento de projetos com quadros visuais e listas para colaboração eficaz.
- *Asana:* Oferece recursos avançados para gerenciar tarefas, atribuir responsabilidades e monitorar o progresso do projeto.

Design Gráfico:

- *Canva:* Uma ferramenta versátil para design gráfico, que permite criar apresentações, gráficos e materiais de marketing de forma fácil e visualmente atraente.
- *GIMP:* Uma alternativa de código aberto ao Photoshop, oferecendo recursos avançados de edição de imagem.

Marketing Digital:

- *Mailchimp:* Ideal para automação de e-mails e campanhas de marketing por e-mail, especialmente para empresas com listas de contatos menores.
- *Google Analytics:* Fornece análises detalhadas sobre o tráfego do site, comportamento do usuário e eficácia das campanhas online.

Colaboração e Comunicação:

- *Slack:* Facilita a comunicação interna da equipe em canais dedicados, melhorando a colaboração e a eficiência.
- *Zoom:* Oferece videoconferências gratuitas para facilitar reuniões virtuais e colaboração remota.

Redes Sociais e Publicidade Online:

- *Hootsuite:* Permite gerenciar várias contas de redes sociais simultaneamente, agendando postagens e acompanhando a atividade.
- *Facebook Business Suite:* Ferramenta integrada para gerenciamento de páginas do Facebook e Instagram, facilitando a criação e análise de conteúdo.

Ao integrar estrategicamente software open source e ferramentas gratuitas em suas operações, as pequenas empresas podem maximizar recursos, reduzir custos e manter um alto padrão de qualidade em suas operações diárias. Essas soluções oferecem flexibilidade, acessibilidade e, muitas vezes, uma comunidade ativa de usuários para apoio mútuo.

4. Envolvimento da Comunidade: Potencializando a Inovação através de Crowdsourcing e Programas de Fidelidade

Crowdsourcing: Envolva a Comunidade para Ideias, Feedback e Colaboração em Projetos Específicos, Ampliando os Recursos Disponíveis

O crowdsourcing é uma prática poderosa que permite que as empresas aproveitem a inteligência coletiva, talentos diversos e a paixão dos membros da comunidade para impulsionar a inovação. Ao envolver a comunidade, as empresas podem obter insights valiosos, ideias criativas e até mesmo participação ativa em projetos específicos. Aqui estão maneiras de implementar o crowdsourcing de maneira eficaz:

Definição Clara de Objetivos:

- *Comunicação Transparente:* Comunique claramente os objetivos e propósitos do crowdsourcing para garantir a compreensão e participação da comunidade.
- *Projetos Definidos:* Estruture projetos específicos para os quais você deseja contribuições da comunidade.

Plataformas de Crowdsourcing:

- *Ideação Aberta:* Use plataformas online de ideias abertas, como IdeaScale ou Crowdicity, para coletar sugestões e propostas.
- *Colaboração Remota:* Facilite a colaboração remota, permitindo que membros da comunidade contribuam independentemente da localização.

Recompensas e Reconhecimento:

- *Reconhecimento Público:* Reconheça publicamente as contribuições valiosas, proporcionando visibilidade àqueles que participaram ativamente.
- *Recompensas:* Considere oferecer recompensas, como descontos, produtos gratuitos ou mesmo reconhecimento especial, para incentivar a participação.

Feedback Contínuo:

- *Diálogo Aberto:* Mantenha um diálogo contínuo com a comunidade, respondendo a perguntas, fornecendo feedback e demonstrando como suas contribuições estão sendo aplicadas.

- *Iteração Colaborativa:* Considere envolver a comunidade em iterações subsequentes do projeto, permitindo que participem ativamente do processo de aprimoramento.

Programas de Fidelidade: Crie Programas para Clientes que Envolvam a Comunidade, Incentivando Participação e Lealdade

Os programas de fidelidade são uma estratégia eficaz para envolver a comunidade e construir lealdade entre os clientes. Ao criar programas que incentivam a participação ativa, as empresas não apenas fortalecem os laços com os clientes existentes, mas também ampliam o alcance da marca. Aqui estão elementos-chave para o sucesso de programas de fidelidade envolvendo a comunidade:

Experiências Exclusivas:

- *Acesso Antecipado:* Ofereça acesso exclusivo a novos produtos, recursos ou eventos para membros do programa de fidelidade.
- *Eventos Especiais:* Realize eventos especiais, como webinars, workshops ou encontros presenciais, para membros do programa.

Incentivos Tangíveis e Intangíveis:

- *Descontos e Promoções:* Forneça descontos exclusivos, promoções especiais ou ofertas personalizadas aos membros do programa.
- *Reconhecimento Personalizado:* Reconheça os membros individualmente, seja por meio de cartões de agradecimento personalizados ou em plataformas online.

Participação Ativa:

- *Desafios e Concursos:* Organize desafios e concursos que incentivem a participação ativa da comunidade, premiando aqueles que contribuem significativamente.
- *Sistema de Pontos:* Implemente um sistema de pontos que recompensa atividades como compras, compartilhamento de conteúdo ou participação em eventos.

Comunidade Colaborativa:

- *Fóruns e Grupos de Discussão:* Crie fóruns online ou grupos de discussão exclusivos para membros do programa, facilitando a interação entre eles.
- *Feedback Valorizado:* Solicite e valorize o feedback dos membros, mostrando como suas opiniões têm impacto nas decisões da empresa.

Compartilhamento de Histórias de Sucesso:

- *Histórias Inspiradoras:* Compartilhe histórias de sucesso de membros do programa, destacando como a participação deles contribuiu para o sucesso da empresa.
- *Testemunhos e Reconhecimento:* Peça testemunhos e reconhecimento público de membros satisfeitos, fortalecendo a imagem positiva da marca.

Ao integrar o crowdsourcing e programas de fidelidade, as empresas podem criar uma comunidade vibrante e envolvente que não apenas contribui para a inovação, mas também se torna um ativo valioso na construção de uma marca sólida e leal. O envolvimento ativo da comunidade não apenas beneficia a empresa, mas também fortalece os laços entre os membros, criando uma experiência mais significativa e gratificante para todos envolvidos.

5. Aprendizado Contínuo e Desenvolvimento Interno: Fortalecendo a Inovação por Meio de Treinamento Interno e Aproveitamento de Talentos Internos

Treinamento Interno: Invista no Desenvolvimento das Habilidades Internas da Equipe, Reduzindo a Necessidade de Contratar Especialistas Externos

O investimento no desenvolvimento interno da equipe é uma estratégia valiosa para impulsionar a inovação, capacitando os membros da equipe com as habilidades necessárias para enfrentar os desafios em constante evolução. Ao proporcionar treinamento interno, as empresas podem reduzir a dependência de especialistas externos, promovendo uma cultura de aprendizado contínuo e adaptabilidade. Aqui estão maneiras de implementar efetivamente o treinamento interno:

Identificação de Necessidades de Treinamento:

- *Avaliação de Competências:* Realize avaliações regulares para identificar lacunas nas habilidades da equipe e determinar as necessidades de treinamento.
- *Feedback dos Funcionários:* Solicite feedback dos funcionários para compreender suas aspirações de carreira e áreas nas quais desejam desenvolver habilidades.

Desenvolvimento de Programas Internos:

- *Cursos Customizados:* Desenvolva cursos internos personalizados que abordem as necessidades específicas da empresa e do setor.
- *Treinamento em Soft Skills:* Além de habilidades técnicas, inclua treinamento em habilidades interpessoais, comunicação eficaz e resolução de problemas.

Utilização de Plataformas de E-Learning:

- *Plataformas Online:* Explore plataformas de e-learning, como Coursera, Udemy ou LinkedIn Learning, para oferecer treinamento flexível e acessível.

- *Materiais Interativos:* Incorpore materiais interativos, como vídeos, simulações e exercícios práticos, para aumentar a eficácia do treinamento.

Mentoria Interna:

- *Programas de Mentoria:* Estabeleça programas de mentoria interna, nos quais membros experientes da equipe orientam e compartilham conhecimentos com colegas mais juniores.
- *Troca de Conhecimento:* Encoraje a troca de conhecimento entre membros da equipe, promovendo um ambiente de aprendizado colaborativo.

Avaliação Contínua do Impacto:

- *Feedback Pós-Treinamento:* Solicite feedback pós-treinamento para avaliar a eficácia dos programas e fazer ajustes conforme necessário.
- *Medição do Desempenho:* Meça o impacto do treinamento no desempenho da equipe e na capacidade de aplicar novos conhecimentos nas tarefas diárias.

Aproveitamento de Recursos Humanos Internos: Identifique Talentos Internos que Possam Assumir Responsabilidades Adicionais Relacionadas à Inovação

O reconhecimento e aproveitamento dos talentos internos são fundamentais para fortalecer a capacidade inovadora de uma empresa. Ao identificar indivíduos com habilidades específicas e paixão pela inovação, as empresas podem designar responsabilidades adicionais e promover uma cultura de desenvolvimento interno. Aqui estão estratégias para o aproveitamento efetivo de talentos internos:

Avaliação de Competências e Interesses:

- *Entrevistas Individuais:* Conduza entrevistas individuais para entender as habilidades, interesses e aspirações de cada membro da equipe.
- *Avaliações de Desempenho:* Utilize avaliações de desempenho para identificar talentos e áreas de destaque.

Designação de Responsabilidades Adicionais:

- *Projetos Inovadores:* Atribua responsabilidades em projetos inovadores, proporcionando aos talentos internos a oportunidade de aplicar suas habilidades em contextos práticos.
- *Liderança em Iniciativas:* Permita que membros da equipe liderem iniciativas específicas relacionadas à inovação, desenvolvendo habilidades de liderança.

Reconhecimento e Incentivos:

- *Reconhecimento Público:* Reconheça publicamente os esforços e contribuições dos talentos internos para motivar e inspirar outros.
- *Incentivos Personalizados:* Ofereça incentivos personalizados, como treinamentos especiais, oportunidades de desenvolvimento de carreira ou bônus, para reconhecer realizações notáveis.

Desenvolvimento de Planos de Carreira:

- *Discussões Individuais:* Mantenha discussões regulares sobre planos de carreira com membros da equipe, identificando oportunidades de crescimento e desenvolvimento.
- *Mapeamento de Competências:* Mapeie as competências dos membros da equipe com as necessidades futuras da empresa para alinhar o desenvolvimento pessoal com os objetivos organizacionais.

Criação de Cultura de Aprendizado Contínuo:

- *Incentivo à Educação Contínua:* Encoraje a busca contínua por aprendizado e educação, oferecendo suporte para cursos externos e programas de certificação.
- *Compartilhamento de Conhecimento:* Facilite sessões regulares de compartilhamento de conhecimento entre membros da equipe para promover um ambiente de aprendizado coletivo.

Ao integrar o treinamento interno e o aproveitamento de talentos internos, as empresas criam um ambiente propício para o desenvolvimento constante e a inovação sustentável. Essas estratégias não apenas fortalecem as habilidades internas da equipe, mas também cultivam um senso de propriedade, comprometimento e paixão pela inovação, fundamentais para o sucesso a longo prazo.

6. Testes Rápidos e Prototipagem: Inovando com Eficiência por meio da Abordagem Lean e Prototipagem de Baixo Custo

Abordagem Lean: Adote Princípios Lean para Testar Ideias Rapidamente, Minimizando Desperdícios de Recursos em Conceitos que Podem não ser Viáveis

A abordagem lean é uma filosofia de negócios que visa maximizar o valor para o cliente enquanto minimiza o desperdício de recursos. Ao aplicar princípios lean à inovação, as empresas podem testar ideias de forma rápida e eficiente, identificando oportunidades e desafios antes de investir grandes quantidades de tempo e recursos. Aqui estão estratégias para adotar a abordagem lean:

Desenvolvimento de Mínimo Produto Viável (MVP):

- *Identificação de Recursos Essenciais:* Determine os recursos essenciais necessários para lançar uma versão inicial do produto ou serviço.
- *Teste de Hipóteses:* Desenvolva o MVP para testar hipóteses críticas sobre a aceitação do mercado e a viabilidade do conceito.

Iteração Contínua:

- *Feedback Rápido:* Colete feedback rapidamente após o lançamento do MVP para orientar iterações subsequentes.
- *Ajustes Contínuos:* Esteja preparado para fazer ajustes constantes com base no feedback do usuário e nas mudanças nas condições de mercado.

Ciclos de Desenvolvimento Curto:

- *Sprints e Iterações:* Implemente ciclos de desenvolvimento curtos, como sprints ágeis, para garantir entregas frequentes e progresso constante.
- *Avaliação de Resultados:* Avalie regularmente os resultados obtidos durante cada ciclo de desenvolvimento, ajustando estratégias conforme necessário.

Colaboração Interdisciplinar:

- *Equipes Multifuncionais:* Forme equipes multifuncionais que integrem diferentes habilidades e perspectivas para abordar desafios de forma abrangente.
- *Compartilhamento de Conhecimento:* Promova uma cultura de compartilhamento de conhecimento, permitindo que membros da equipe contribuam com suas experiências e insights.

Prototipagem de Baixo Custo: Crie Protótipos de Produtos ou Serviços com Materiais Acessíveis para Validar Conceitos antes de Investir em Produção em Larga Escala

A prototipagem de baixo custo é uma estratégia eficaz para testar e refinar ideias antes de comprometer recursos significativos na produção em larga escala. Ao criar protótipos acessíveis, as empresas podem validar conceitos, identificar melhorias e reduzir o risco associado ao desenvolvimento de novos produtos ou serviços. Aqui estão abordagens para a prototipagem de baixo custo:

Seleção de Materiais Acessíveis:

- *Materiais Reciclados:* Utilize materiais reciclados ou reutilizados sempre que possível, reduzindo custos e impacto ambiental.
- *Alternativas de Baixo Custo:* Procure alternativas de baixo custo para materiais tradicionais, mantendo o foco na funcionalidade essencial.

Tecnologias de Fabricação Acessíveis:

- *Impressão 3D:* Aproveite a impressão 3D para criar protótipos rápidos e acessíveis de produtos físicos.
- *Corte a Laser:* Utilize tecnologias de corte a laser para fabricar peças precisas e personalizadas com materiais diversos.

Prototipagem Rápida:

- *Modelagem Manual:* Adote métodos de modelagem manual, como maquetes e esboços, para testar ideias de forma rápida e eficiente.
- *Testes Iterativos:* Realize testes iterativos com protótipos para identificar falhas, realizar ajustes e refiná-los continuamente.

Envolvimento do Usuário desde o Início:

- *Feedback Inicial:* Envolve os usuários desde as fases iniciais da prototipagem para obter feedback valioso e orientar o desenvolvimento.

- *Validação de Conceitos:* Use protótipos para validar conceitos diretamente com os usuários antes de avançar para etapas mais avançadas de desenvolvimento.

Foco na Funcionalidade Essencial:

- *Priorização de Recursos:* Concentre-se na funcionalidade essencial ao criar protótipos, evitando recursos desnecessários que aumentem custos.
- *Soluções Temporárias:* Aceite soluções temporárias e simplificadas durante a fase de prototipagem, priorizando a validação do conceito.

Ao integrar a abordagem lean e a prototipagem de baixo custo, as empresas podem inovar com agilidade, testando ideias de forma rápida e eficiente antes de fazer investimentos substanciais. Essas estratégias não apenas reduzem o risco associado à inovação, mas também promovem uma cultura de experimentação e aprendizado contínuo dentro da organização.

7. Estratégia de Marketing Criativa: Impulsionando a Inovação com Marketing de Guerrilha e Mídias Sociais

Marketing de Guerrilha: Utilize Estratégias de Marketing Inovadoras e de Baixo Custo para Aumentar a Visibilidade da Marca

O marketing de guerrilha é uma abordagem criativa e não convencional que busca envolver os consumidores de maneira inesperada e memorável. Ao adotar estratégias de marketing de guerrilha, as pequenas empresas podem aumentar significativamente sua visibilidade de marca sem os altos custos associados a campanhas tradicionais. Aqui estão maneiras de incorporar o marketing de guerrilha:

Criatividade e Originalidade:

- *Ideias Fora da Caixa:* Desenvolva campanhas que se destaquem pela originalidade e criatividade, gerando surpresa e interesse.
- *Aproveitamento de Tendências:* Esteja atento a tendências culturais e de mercado para incorporar elementos relevantes às suas estratégias.

Engajamento do Público:

- *Interação nas Redes Sociais:* Crie campanhas que incentivem a participação ativa nas redes sociais, envolvendo o público na criação e compartilhamento de conteúdo.
- *Eventos de Guerrilha:* Realize eventos surpreendentes e interativos em locais estratégicos para gerar buzz e atrair a atenção do público.

Baixo Custo, Alto Impacto:

- *Materiais Acessíveis:* Utilize materiais de baixo custo para a execução de campanhas, focando em ideias que possam ser implementadas sem grandes investimentos.
- *Parcerias Criativas:* Colabore com outras empresas ou artistas locais para criar campanhas de co-marketing inovadoras e de baixo custo.

Mídias Alternativas:

- *Stencils e Grafites:* Explore a arte urbana, como stencils e grafites, para transmitir mensagens de forma inovadora em espaços públicos.
- *Campanhas de Ambient Marketing:* Aproveite ambientes urbanos para criar campanhas que surpreendam as pessoas em seu cotidiano.

Mídias Sociais: Aproveite as Plataformas de Mídia Social para Alcançar Públicos Específicos sem os Altos Custos Associados a Campanhas Tradicionais

Inovação: A Arte de Transformar Ideias em Valor

As mídias sociais oferecem uma poderosa ferramenta para as pequenas empresas alcançarem e interagirem com seus públicos de maneira direta e envolvente. Ao adotar estratégias criativas nas mídias sociais, as empresas podem construir uma presença online forte e impactante. Aqui estão maneiras de aproveitar as plataformas de mídia social:

Segmentação de Audiência:

- *Anúncios Segmentados:* Utilize ferramentas de segmentação nas plataformas de anúncios para direcionar campanhas a públicos específicos, maximizando o impacto.
- *Conteúdo Personalizado:* Crie conteúdo personalizado que ressoe com diferentes segmentos de sua audiência.

Engajamento e Interatividade:

- *Enquetes e Perguntas:* Envolve seu público por meio de enquetes, perguntas e interações diretas para criar um diálogo significativo.
- *Conteúdo Gerado pelo Usuário:* Incentive seus seguidores a criar e compartilhar conteúdo relacionado à sua marca, promovendo o envolvimento com a comunidade.

Conteúdo Visual Atraente:

- *Vídeos Criativos:* Explore a criação de vídeos curtos e criativos que cativem a atenção do público e comuniquem mensagens de maneira eficaz.
- *Imagens Impactantes:* Utilize imagens visualmente atraentes para transmitir a personalidade da marca e contar histórias visualmente.

Consistência e Autenticidade:

- *Presença Regular:* Mantenha uma presença consistente, publicando regularmente para manter seu público envolvido e informado.
- *Autenticidade da Marca:* Compartilhe bastidores, histórias e valores autênticos da marca para construir conexões emocionais com seus seguidores.

Inovação na Narrativa:

- *Histórias Criativas:* Conte histórias envolventes sobre a marca, produtos ou colaboradores para criar uma narrativa que ressoe com o público.
- *Campanhas de Hashtags:* Crie campanhas de hashtags inovadoras para incentivar a participação do público e ampliar o alcance.

Ao integrar estratégias de marketing de guerrilha e mídias sociais, as pequenas empresas podem construir uma presença de marca forte, envolvente e inovadora. Essas abordagens não apenas proporcionam visibilidade, mas também promovem a interação ativa com o público, construindo relacionamentos sólidos e duradouros.

8. Foco em Experiência do Cliente: Inovando com Feedback Centrado no Cliente e Programas de Recompensas

Feedback Centrado no Cliente: Priorize a Coleta de Feedback do Cliente para Direcionar a Inovação, Garantindo que os Recursos sejam Direcionados para Melhorar Áreas que Realmente Impactam os Clientes

A experiência do cliente desempenha um papel central na inovação bem-sucedida, e o feedback dos clientes é uma ferramenta valiosa para entender suas necessidades, expectativas e áreas de melhoria. Ao priorizar a coleta de feedback centrado no cliente, as empresas podem orientar efetivamente seus esforços de inovação para fornecer soluções que realmente impactem positivamente os clientes.

Aqui estão estratégias para integrar o feedback do cliente à inovação:

Múltiplos Canais de Feedback:

- *Pesquisas de Satisfação:* Realize pesquisas de satisfação regulares para avaliar a experiência do cliente em diversos pontos de contato.
- *Avaliações Online:* Monitore avaliações e comentários online para obter insights imediatos sobre a percepção dos clientes.

Feedback Contínuo:

- *Canais de Comunicação Abertos:* Mantenha canais de comunicação abertos para receber feedback contínuo, como e-mails, chats online e redes sociais.
- *Sessões de Feedback em Tempo Real:* Realize sessões de feedback em tempo real para obter insights imediatos após interações significativas.

Análise de Dados:

- *Ferramentas de Análise:* Utilize ferramentas de análise de dados para identificar padrões e tendências nos feedbacks dos clientes.
- *Segmentação de Feedback:* Classifique o feedback por segmentos de clientes para personalizar soluções com base nas necessidades específicas de cada grupo.

Incorporação Proativa de Feedback:

- *Equipas de Atendimento ao Cliente:* Capacite as equipes de atendimento ao cliente para capturar feedback de forma proativa durante as interações.
- *Integração com Desenvolvimento:* Estabeleça canais eficientes de comunicação entre as equipes de atendimento ao cliente e desenvolvimento para implementar melhorias rápidas.

Programas de Recompensas: Implemente Programas de Recompensas para Clientes que Fornecem Feedback Valioso, Incentivando a Participação Contínua

Recompensar os clientes que contribuem com feedback valioso não apenas incentiva a participação contínua, mas também fortalece o relacionamento entre a empresa e seus clientes. Implementar programas de recompensas demonstra o valor atribuído às opiniões dos clientes, incentivando uma cultura de colaboração e feedback aberto. Aqui estão estratégias para implementar programas de recompensas:

Recompensas Tangíveis:

- *Descontos Exclusivos:* Ofereça descontos exclusivos, promoções especiais ou acesso antecipado a produtos para clientes que contribuem com feedback significativo.
- *Produtos ou Serviços Gratuitos:* Premie os clientes com produtos ou serviços gratuitos como forma de agradecimento pelo feedback valioso.

Reconhecimento Público:

- *Destaques nas Redes Sociais:* Destaque clientes contribuintes em postagens nas redes sociais, reconhecendo publicamente sua contribuição.
- *Testemunhos Destacados:* Apresente testemunhos ou comentários de clientes em destaque em materiais de marketing ou no site da empresa.

Programas de Pontos ou Níveis:

- *Sistema de Pontuação:* Implemente um sistema de pontos que os clientes acumulam ao fornecer feedback, podendo ser trocados por recompensas específicas.
- *Níveis de Engajamento:* Crie níveis de engajamento, onde clientes recebem benefícios adicionais à medida

que contribuem mais para a melhoria do produto ou serviço.

Eventos Exclusivos:

- *Convites para Eventos:* Convide clientes participativos para eventos exclusivos, webinars ou sessões de feedback presenciais.
- *Envolvimento em Lançamentos:* Ofereça a oportunidade de participar de lançamentos exclusivos ou versões beta de novos produtos.

Personalização das Recompensas:

- *Escolha de Recompensas:* Permita que os clientes escolham entre diferentes opções de recompensas, personalizando a experiência conforme suas preferências.
- *Recompensas Alinhadas aos Interesses:* Selecione recompensas alinhadas aos interesses e necessidades específicas dos clientes, tornando-as mais significativas.

Ao integrar estratégias de feedback centrado no cliente e programas de recompensas, as empresas não apenas aprimoram seus produtos e serviços, mas também fortalecem os laços com uma base de clientes leais e engajada. Essa abordagem cria um ciclo contínuo de inovação, onde os clientes se sentem valorizados e incentivados a contribuir ativamente para o sucesso da empresa.

9. Flexibilidade e Adaptação: Navegando pela Inovação com Abertura a Mudanças e Iteração Constante

Abertura a Mudanças: Esteja Aberto a Ajustar Estratégias Conforme Necessário com Base nas Condições do Mercado e nas Mudanças nas Demandas dos Clientes

A capacidade de adaptar-se a mudanças é fundamental para o sucesso da inovação, especialmente em um ambiente de negócios dinâmico. Estar aberto a ajustar estratégias com base nas condições do mercado e nas mudanças nas demandas dos clientes é essencial para garantir que a empresa permaneça relevante e alinhada com as expectativas em evolução. Aqui estão maneiras de cultivar uma mentalidade aberta a mudanças:

Monitoramento Contínuo:

- *Análise de Tendências:* Mantenha-se atualizado com as tendências do setor, tecnológicas e culturais para antecipar possíveis mudanças.
- *Feedback dos Clientes:* Esteja atento ao feedback dos clientes, identificando padrões que possam indicar a necessidade de ajustes.

Adaptabilidade Organizacional:

- *Cultura de Inovação:* Promova uma cultura organizacional que valorize a flexibilidade, incentivando os funcionários a se adaptarem rapidamente a novas circunstâncias.
- *Tomada de Decisões Ágil:* Desenvolva processos de tomada de decisões ágeis que permitam ajustes rápidos com base em novas informações.

Antecipação de Mudanças:

- *Cenários Futuros:* Desenvolva cenários futuros e planos de contingência para estar preparado para diferentes direções que o mercado possa tomar.
- *Avaliação Proativa:* Avalie proativamente o impacto de mudanças externas, como regulamentações ou avanços tecnológicos, na estratégia de inovação.

Iteração Constante: Mantenha uma Abordagem Iterativa, Ajustando Continuamente os Planos de Inovação à Medida que Novas Informações e Circunstâncias Surgem

A iteração constante é uma abordagem fundamental para a inovação bem-sucedida, permitindo ajustes contínuos com base nas lições aprendidas e nas mudanças no ambiente de negócios. Manter uma mentalidade iterativa promove a aprendizagem contínua e aprimora a capacidade da empresa de se adaptar rapidamente. Aqui estão estratégias para incorporar a iteração constante:

Ciclos de Avaliação Regulares:

- *Avaliações Periódicas:* Realize avaliações periódicas do progresso em relação aos objetivos de inovação, identificando áreas que exigem ajustes.
- *Feedback Interno:* Encoraje o feedback contínuo dos membros da equipe, permitindo que eles contribuam com insights valiosos.

Aprendizado com Falhas:

- *Cultura de Tolerância ao Fracasso:* Estabeleça uma cultura que encoraje a experimentação e aprendizado com falhas, transformando desafios em oportunidades de melhoria.
- *Análise Pós-Implementação:* Após a implementação de uma inovação, conduza análises aprofundadas para identificar pontos fortes e áreas de melhoria.

Feedback do Mercado:

- *Testes Piloto:* Realize testes piloto e prototipagem para obter feedback do mercado antes de lançamentos em larga escala.
- *Iteração Baseada em Resultados:* Ajuste estratégias com base nos resultados observados durante a

implementação, priorizando abordagens que demonstraram eficácia.

Adaptação a Novas Informações:

- *Atenção a Dados Emergentes:* Esteja atento a novas informações e dados emergentes que possam indicar mudanças nas preferências do cliente ou no ambiente competitivo.
- *Flexibilidade de Curso:* Esteja disposto a alterar o curso da inovação com base em insights recentes, garantindo alinhamento com as necessidades atuais.

Ao abraçar a abertura a mudanças e a iteração constante, as empresas podem desenvolver uma capacidade robusta de adaptação, fundamentada na aprendizagem contínua e na resposta ágil a novas circunstâncias. Essa flexibilidade não apenas impulsiona o sucesso das iniciativas de inovação, mas também fortalece a resiliência da organização diante de desafios e oportunidades em constante evolução.

Ao adotar essas estratégias, as pequenas empresas podem inovar de maneira eficiente, maximizando o valor de cada recurso disponível. A agilidade e a criatividade tornam-se ativos cruciais, permitindo que essas empresas alcancem o sucesso mesmo em um ambiente de orçamento limitado.

Capítulo 6: Estudos de Caso - Pequenas Empresas que Brilharam com Inovação

Introdução:

A história da inovação nas pequenas empresas é repleta de narrativas inspiradoras de coragem, criatividade e resiliência. Neste capítulo, exploraremos estudos de caso de pequenas empresas que não apenas enfrentaram os desafios comuns do cenário empresarial, mas também prosperaram e deixaram uma marca duradoura por meio de suas iniciativas inovadoras.

1. Empresa XYZ: A Revolução do Modelo de Negócios

Desafio Inicial: Enfrentando um mercado saturado, a Empresa XYZ confrontou a pressão de competir em um cenário onde a concorrência era intensa e as margens de lucro estavam sob constante ameaça. O modelo de negócios tradicional da empresa estava se mostrando ineficaz diante das mudanças nas expectativas dos consumidores e das dinâmicas do mercado.

Inovação Destacada: A Empresa XYZ ousou repensar completamente seu modelo de negócios. Reconhecendo a ascensão da economia compartilhada e a crescente demanda por produtos locais e sustentáveis, a empresa decidiu criar uma plataforma online inovadora. Essa plataforma conectava diretamente produtores locais aos consumidores finais, eliminando intermediários e criando um canal eficiente para a compra e venda de produtos.

O aspecto mais inovador foi a ênfase na sustentabilidade. A Empresa XYZ não apenas proporcionou uma plataforma para transações comerciais, mas também se tornou uma defensora ativa da economia local e da redução do desperdício de alimentos. Ao conectar diretamente produtores aos consumidores, a empresa contribuiu para a diminuição da pegada de carbono, promovendo práticas comerciais mais ecológicas.

Resultado: Os resultados dessa mudança foram notáveis. A Empresa XYZ experimentou um crescimento significativo em sua base de clientes, à medida que os consumidores valorizavam a conveniência de adquirir produtos diretamente de produtores locais. Além disso, a iniciativa teve um impacto positivo na economia local, proporcionando aos produtores uma plataforma para alcançar um público mais amplo e, consequentemente, impulsionando o crescimento econômico em comunidades locais.

A empresa não apenas sobreviveu no mercado saturado, mas se destacou como um exemplo de como a inovação no modelo de negócios pode não apenas manter uma empresa relevante, mas também transformá-la em um agente de mudanças positivas, tanto no âmbito empresarial quanto no social. Esse caso inspirador destaca como a visão estratégica e a adaptação podem resultar não apenas em sucesso financeiro, mas também em um impacto positivo mais amplo na sociedade.

2. StartUp ABC: Transformando Desafios em Oportunidades

Desafio Inicial: A StartUp ABC iniciou sua jornada enfrentando um desafio significativo: competir no mercado saturado com recursos financeiros limitados. A presença de gigantes estabelecidos no setor intensificava a pressão sobre a startup, que precisava encontrar uma estratégia única para ganhar espaço.

Inovação Destacada: Em vez de entrar em uma competição direta com os concorrentes dominantes, a StartUp ABC adotou uma abordagem inovadora focada em nichos de mercado não atendidos. Realizando uma análise minuciosa, identificou demandas específicas que não eram atendidas pelos grandes players do setor. A empresa concentrou-se em desenvolver produtos personalizados e serviços exclusivos que atendiam precisamente a essas necessidades não atendidas.

A inovação da StartUp ABC não se limitou apenas aos produtos. A empresa também se destacou na oferta de uma experiência de cliente excepcional, proporcionando serviços personalizados que iam além das expectativas convencionais. Essa estratégia visava criar uma base de clientes leais, diferenciando a StartUp ABC no mercado altamente competitivo.

Resultado: Os resultados superaram as expectativas. A StartUp ABC não apenas sobreviveu às limitações de recursos e à concorrência intensa, mas prosperou ao se tornar líder em um nicho de mercado específico. Sua abordagem focada resultou em uma base de clientes leais que valorizavam a personalização e a atenção aos detalhes.

Além do sucesso no mercado local, a StartUp ABC expandiu sua presença global. A reputação de oferecer soluções personalizadas e inovadoras permitiu que a empresa conquistasse mercados internacionais, demonstrando que a inovação estratégica pode abrir portas para o crescimento além das fronteiras tradicionais.

O caso da StartUp ABC destaca a importância de olhar além das limitações de recursos e encontrar oportunidades em desafios aparentemente insuperáveis. A capacidade de se adaptar, identificar nichos de mercado e oferecer soluções diferenciadas pode ser a chave para o sucesso, mesmo em ambientes altamente competitivos.

3. Empresa PQR: A Jornada da Inovação Sustentável

Desafio Inicial: A Empresa PQR confrontou um desafio significativo no início de sua jornada. Com as crescentes preocupações sobre sustentabilidade, a empresa percebeu a necessidade premente de repensar seus processos e produtos. A pressão do público, combinada com a necessidade de se alinhar a padrões mais elevados de responsabilidade ambiental, colocou a Empresa PQR em uma encruzilhada.

Inovação Destacada: A resposta da Empresa PQR foi uma transformação abrangente em direção a práticas comerciais sustentáveis. A empresa iniciou uma jornada para redesenhar seus produtos, buscando torná-los ecologicamente corretos desde a concepção até a fabricação. Isso incluiu a escolha de materiais sustentáveis, processos de produção de baixo impacto ambiental e a implementação de embalagens ecológicas.

Além das mudanças nos produtos, a Empresa PQR comprometeu-se com uma abordagem holística à sustentabilidade em todos os aspectos de suas operações. Isso envolveu a otimização de processos internos para reduzir o desperdício, o uso eficiente de recursos e a busca contínua por alternativas ecologicamente amigáveis em todas as fases da cadeia de valor.

Resultado: Os resultados da transformação foram profundos. A Empresa PQR não apenas melhorou sua imagem de marca, sendo reconhecida como uma líder em práticas sustentáveis, mas também atraiu uma base de consumidores conscientes. O compromisso com a sustentabilidade não apenas impulsionou o crescimento constante da empresa, mas também a destacou como uma referência na indústria em termos de responsabilidade ambiental.

Além do sucesso comercial, a Empresa PQR recebeu reconhecimento da indústria e prêmios por suas iniciativas sustentáveis. O impacto positivo na comunidade e no meio ambiente solidificou sua posição como uma empresa que não apenas busca o sucesso financeiro, mas também se esforça para ser um agente positivo de mudança.

O caso da Empresa PQR destaca que a inovação sustentável não é apenas uma resposta às expectativas do mercado, mas uma oportunidade para diferenciar-se positivamente, atrair consumidores conscientes e criar um impacto duradouro na indústria e na sociedade como um todo.

4. TechCo 123: Da Garagem à Vanguarda Tecnológica

Desafio Inicial: A TechCo 123 iniciou sua jornada enfrentando um desafio comum a muitas startups de tecnologia: competir em um mercado acirrado e saturado. A concorrência era intensa, com empresas estabelecidas dominando o cenário, e a TechCo 123 precisava encontrar uma maneira de se destacar e superar as barreiras de entrada.

Inovação Destacada: A resposta da TechCo 123 foi direcionar seus esforços para pesquisa e desenvolvimento (P&D). Ao invés de seguir o caminho convencional, a empresa decidiu investir recursos significativos na criação de uma solução única que resolvesse um problema significativo no setor. Essa abordagem exigiu uma compreensão profunda das necessidades do mercado e a identificação de uma lacuna que ainda não havia sido preenchida.

A empresa se dedicou a desenvolver uma tecnologia inovadora que não apenas abordasse as dores existentes dos clientes, mas que também oferecesse uma solução mais eficaz, eficiente ou acessível do que as alternativas existentes. A TechCo 123 adotou uma mentalidade de inovação radical, buscando transformar o setor com uma solução verdadeiramente disruptiva.

Resultado: Os resultados foram impressionantes. A TechCo 123 não apenas conquistou uma fatia significativa do mercado, mas também atraiu a atenção de grandes investidores. A solução única desenvolvida pela empresa não apenas atendeu às expectativas do mercado, mas superou-as, consolidando a posição da TechCo 123 como uma empresa líder no setor.

O sucesso no mercado permitiu à TechCo 123 não apenas expandir sua presença, mas também atrair investimentos substanciais. A empresa não só se tornou uma referência no setor, mas também teve recursos adicionais para continuar inovando e explorando novas oportunidades de crescimento.

O caso da TechCo 123 destaca a importância de investir em P&D e buscar soluções verdadeiramente inovadoras para superar os desafios de competir em mercados saturados. A abordagem centrada na inovação radical permitiu à empresa não apenas sobreviver, mas prosperar em um ambiente altamente competitivo.

Conclusão:

Estes estudos de caso ilustram vividamente como a inovação pode ser um catalisador para o sucesso de pequenas empresas. Cada uma dessas empresas não apenas superou desafios, mas também moldou seus setores, inspirando outras a abraçarem a inovação como uma ferramenta vital para o crescimento sustentável e a resiliência nos negócios.

Capítulo 7: O Futuro da Inovação para Pequenas Empresas

Vislumbrando Horizontes Inovadores

A inovação é uma jornada contínua, e para as pequenas empresas, o futuro reserva desafios emocionantes e oportunidades inspiradoras. Neste capítulo, exploraremos as tendências emergentes, tecnologias disruptivas e estratégias visionárias que definirão o futuro da inovação para as pequenas empresas.

Tecnologias Emergentes: Impulsionando o Futuro da Inovação Empresarial

Inteligência Artificial e Machine Learning (IA/ML): Transformando Processos e Elevando a Personalização

A ascensão da Inteligência Artificial (IA) e do Machine Learning (ML) representa uma revolução nos processos empresariais, prometendo uma era de eficiência otimizada, insights preditivos e experiências personalizadas sem precedentes.

1. Insights Avançados:

- *Análise Preditiva:* A IA/ML capacita as empresas a prever padrões e tendências futuras com base em dados históricos, permitindo decisões mais informadas e estratégias proativas.
- *Otimização de Processos:* Algoritmos avançados identificam oportunidades de otimização em processos, resultando em eficiência operacional e redução de custos.

2. Automação Inteligente:

- *Automatização de Tarefas Repetitivas:* Sistemas automatizados com IA podem lidar com tarefas rotineiras, liberando tempo para os colaboradores se concentrarem em atividades mais estratégicas e criativas.
- *Tomada de Decisões Automatizada:* Algoritmos de ML capacitam a tomada de decisões automatizada, baseada em dados em tempo real, melhorando a agilidade e a precisão.

3. Personalização Aprimorada:

- *Recomendações Personalizadas:* A IA analisa o comportamento do cliente para oferecer recomendações personalizadas, impulsionando as vendas e a satisfação do cliente.
- *Segmentação Dinâmica:* Estratégias de marketing mais eficazes são desenvolvidas por meio da segmentação dinâmica, adaptando-se às preferências individuais dos clientes.

Internet das Coisas (IoT): Conectando e Transformando o Mundo Empresarial

A Internet das Coisas (IoT) está redefinindo a forma como os objetos interagem, coletam dados e se comunicam. À medida que a integração de dispositivos conectados se torna mais difundida, novas oportunidades e eficiências surgem para as pequenas empresas.

1. Monitoramento Avançado:

- *Monitoramento Remoto:* Dispositivos IoT possibilitam o monitoramento remoto de equipamentos, permitindo a identificação proativa de falhas e a manutenção preditiva.
- *Rastreamento de Ativos:* Empresas podem rastrear ativos em tempo real, melhorando a eficiência na gestão de inventário e logística.

2. Eficiência Operacional:

- *Otimização de Processos:* A IoT oferece insights detalhados sobre o desempenho operacional, permitindo ajustes em tempo real para otimização contínua.
- *Economia de Recursos:* Sensores conectados ajudam na gestão eficiente de recursos, reduzindo o desperdício de energia, água e outros insumos.

3. Experiências Mais Inteligentes:

- *Ambientes Conectados:* A IoT cria ambientes mais inteligentes, como casas, escritórios e espaços de varejo, proporcionando experiências personalizadas e eficientes.
- *Integração com Tecnologias Existentes:* Dispositivos IoT podem ser integrados a sistemas existentes, permitindo uma transição suave para operações mais conectadas.

4. Inovação em Modelos de Negócios:

- *Produtos como Serviço (PaaS):* Empresas podem inovar em modelos de negócios, oferecendo produtos como serviços, impulsionados pela coleta contínua de dados dos dispositivos IoT.

- *Conectividade como Diferencial Competitivo:* A capacidade de oferecer soluções conectadas pode se tornar um diferencial competitivo, estimulando a fidelidade do cliente.

O futuro empresarial está intrinsecamente ligado à IA, ML e IoT. À medida que essas tecnologias emergentes evoluem, as pequenas empresas que as adotam não apenas ganharão eficiência operacional, mas também estarão na vanguarda da inovação, oferecendo experiências mais inteligentes e personalizadas para clientes e colaboradores. Essa revolução tecnológica promete não apenas transformar processos, mas também moldar a maneira como as pequenas empresas enfrentam os desafios e oportunidades do mundo dos negócios moderno.

2. Transformação Digital Acelerada: Navegando pelo Futuro Digital das Pequenas Empresas

A transformação digital emerge como o catalisador essencial para o sucesso das pequenas empresas, impulsionando a agilidade, a eficiência e a criação de experiências inovadoras para clientes. Neste cenário de mudanças rápidas, a aceleração da transformação digital torna-se uma jornada imperativa.

Adoção Generalizada: A Vital Necessidade de Inovar Digitalmente

Aceleração Estratégica:

- **Redefinindo Processos:** A transformação digital implica na redefinição de processos operacionais, substituindo métodos tradicionais por abordagens mais ágeis e eficientes.
- **Tecnologias Habilitadoras:** Ferramentas colaborativas, automação de tarefas e sistemas de

gestão integrados são adotados para melhorar a eficiência interna.

Crescimento Sustentável:

- **Escalabilidade Digital:** A capacidade de escalar operações digitalmente permite que as pequenas empresas atendam ao crescimento sem comprometer a qualidade ou eficiência.
- **Inovação Contínua:** A transformação digital é um processo contínuo, capacitando as empresas a inovar constantemente para se manterem relevantes no mercado.

E-Commerce e Omnicanalidade: A Revolução nas Experiências do Cliente

Expansão do Comércio Eletrônico:

- **Presença Online:** A migração para plataformas de comércio eletrônico é vital, proporcionando às pequenas empresas uma presença online robusta e acessível a uma audiência global.
- **Facilidade de Transações:** A adoção de sistemas de pagamento online e interfaces intuitivas torna as transações mais fáceis, aumentando a satisfação do cliente.

Integração Omnicanal:

- **Experiência Fluida:** Estratégias omnicanais buscam integrar perfeitamente as experiências online e offline, proporcionando uma jornada do cliente fluida.
- **Conectando Canais:** A integração entre lojas físicas, sites, aplicativos móveis e redes sociais cria uma experiência coesa, independentemente do canal escolhido pelo cliente.

Personalização e Engajamento:

- **Análise de Dados:** A coleta e análise de dados em tempo real permitem a personalização de ofertas e interações, elevando a relevância das comunicações com os clientes.
- **Comunicação Multicanal:** Estratégias de marketing multicanal fortalecem o engajamento, permitindo que as empresas se conectem com os clientes por meio de diversos pontos de contato.

Desafios e Oportunidades:

- **Segurança Digital:** A aceleração digital exige uma atenção especial à segurança cibernética, garantindo a proteção dos dados do cliente e a integridade das operações.
- **Resistência à Mudança:** A transição para modelos digitais pode encontrar resistência interna, destacando a importância de uma cultura organizacional adaptável.

A Jornada Continua:

- **Inovação em Modelos de Negócios:** A transformação digital não é apenas uma mudança tecnológica, mas também uma oportunidade para inovação em modelos de negócios, como serviços sob demanda e assinaturas.
- **Adaptação Rápida:** A agilidade torna-se uma vantagem competitiva, permitindo que as pequenas empresas se adaptem rapidamente às mudanças no mercado e nas preferências do cliente.

A transformação digital acelerada não é apenas uma resposta às mudanças no cenário comercial; é uma jornada estratégica que redefine a maneira como as pequenas empresas operam e se conectam com seus clientes. Ao abraçar essa revolução digital, as empresas não apenas sobrevivem, mas prosperam em um mundo empresarial cada vez mais digitalizado.

3. Sustentabilidade e Responsabilidade Social: Rumo a Negócios Conscientes e Ecoeficientes

Sustentabilidade em Foco: Inovação Sustentável

1. Práticas Comerciais Sustentáveis:

- **Design Ecológico:** A inovação sustentável permeia o design de produtos, priorizando materiais recicláveis, processos de fabricação eficientes e durabilidade.
- **Cadeia de Suprimentos Responsável:** Empresas buscam parcerias com fornecedores alinhados com práticas sustentáveis, garantindo a integridade ambiental em toda a cadeia de suprimentos.

2. Embalagens Ecoeficientes:

- **Redução de Resíduos:** A inovação se concentra na redução de resíduos de embalagens, explorando materiais biodegradáveis e soluções de embalagem reutilizáveis.
- **Design Circular:** A implementação de modelos de economia circular para embalagens promove o uso eficiente de recursos, incentivando o reuso e a reciclagem.

3. Eficiência Energética e Redução de Carbono:

- **Fontes de Energia Renovável:** Empresas investem em fontes de energia renovável para operações, reduzindo a pegada de carbono e demonstrando compromisso com a sustentabilidade.
- **Otimização de Processos:** A eficiência energética é aprimorada por meio da otimização de processos, minimizando o consumo de recursos não renováveis.

Consciência Social e Responsabilidade Ética

1. Propósito Além do Lucro:

- **Missão com Propósito:** Empresas adotam missões orientadas para o propósito, indo além da maximização de lucros para contribuir positivamente para as comunidades e o meio ambiente.
- **Impacto Social Positivo:** A inovação se concentra em criar impacto social positivo, buscando soluções para desafios sociais por meio de modelos de negócios sustentáveis.

2. Diversidade e Inclusão:

- **Cultura Organizacional Inclusiva:** A responsabilidade social se reflete na promoção da diversidade e inclusão dentro das organizações, criando ambientes de trabalho mais equitativos e representativos.
- **Parcerias com Comunidades Locais:** Empresas buscam parcerias significativas com comunidades locais, envolvendo-se ativamente em iniciativas que promovem o desenvolvimento social e econômico.

3. Transparência e Prestação de Contas:

- **Comunicação Transparente:** Empresas comunicam abertamente suas práticas sustentáveis, políticas éticas e impacto social, construindo confiança com os consumidores.
- **Avaliações de Impacto:** A responsabilidade social é reforçada por avaliações regulares do impacto das operações nas comunidades e no meio ambiente.

4. Envolvimento em Causas Sociais:

- **Programas de Doações e Voluntariado:** Empresas incorporam programas de doações e voluntariado, envolvendo os funcionários em iniciativas de responsabilidade social.
- **Apoio a Causas Relevantes:** O envolvimento em causas sociais relevantes à comunidade fortalece a conexão emocional entre a marca e seus stakeholders.

Desafios e Oportunidades:

- **Resiliência da Marca:** Empresas que incorporam práticas sustentáveis e responsabilidade social fortalecem a resiliência de suas marcas, construindo lealdade do cliente e atraindo consumidores conscientes.
- **Inovação como Driver Ético:** A inovação sustentável não apenas atende a demandas éticas, mas também impulsiona a eficiência operacional e a diferenciação no mercado.

A integração bem-sucedida de práticas sustentáveis e responsabilidade social não apenas atende às crescentes expectativas dos consumidores, mas também posiciona as pequenas empresas como agentes de mudança positiva. A jornada em direção a negócios mais conscientes e ecoeficientes não apenas beneficia o planeta, mas também contribui para o sucesso a longo prazo e a resiliência das organizações.

4. Colaboração Global e Redes de Inovação: Fortalecendo Ecossistemas Empresariais

Parcerias Estratégicas: Impulsionando Ecossistemas de Inovação

1. Ecossistemas Inovadores:

- **Colaboração Multissetorial:** Parcerias entre pequenas empresas, startups e grandes corporações formam ecossistemas inovadores, onde a diversidade de conhecimentos contribui para soluções mais abrangentes.
- **Troca de Conhecimento:** A colaboração promove a troca de conhecimento, acelerando processos de aprendizado e permitindo adaptações rápidas às mudanças no mercado.

2. Redes de Inovação:

- **Cooperação em Pesquisa e Desenvolvimento:** Colaborações em pesquisa e desenvolvimento entre empresas fortalecem a capacidade de inovação, possibilitando a criação conjunta de produtos e serviços.
- **Aceleração de Projetos:** Através de redes de inovação, projetos podem ser acelerados, aproveitando recursos compartilhados e reduzindo o tempo de lançamento no mercado.

Acesso a Talentos Globais: Quebrando Barreiras Geográficas

1. Globalização da Busca por Talentos:

- **Acesso a Especialistas Internacionais:** A globalização permite que pequenas empresas acessem especialistas e profissionais talentosos de diferentes partes do mundo, enriquecendo suas equipes com uma diversidade de habilidades.
- **Flexibilidade na Construção de Equipes:** A formação de equipes virtuais proporciona flexibilidade na construção de equipes com base nas necessidades específicas de projetos.

2. Ferramentas de Colaboração Remota:

- **Tecnologias de Comunicação Avançadas:** Ferramentas de comunicação e colaboração remota, como videoconferências e plataformas de compartilhamento de documentos, eliminam barreiras geográficas e facilitam a interação eficaz entre equipes distribuídas.
- **Produtividade Descentralizada:** A capacidade de trabalhar de qualquer lugar permite que as pequenas empresas atraiam talentos globais, proporcionando uma vantagem competitiva em um mercado dinâmico.

3. Inovação Impulsionada pela Diversidade:

- **Perspectivas Multiculturais:** A diversidade cultural nas equipes globais traz perspectivas únicas, impulsionando a criatividade e a inovação.
- **Adaptação a Mercados Internacionais:** Equipes globais facilitam a adaptação a diferentes mercados internacionais, considerando nuances culturais e preferências locais.

Desafios e Oportunidades:

1. Barreiras Culturais e Comunicacionais:

- **Gestão Efetiva da Diversidade:** Enfrentar desafios culturais exige uma gestão efetiva da diversidade, promovendo uma cultura inclusiva e respeitosa.
- **Compreensão de Normas de Negócios Locais:** O sucesso da colaboração global depende da compreensão das normas de negócios e práticas locais em diferentes regiões.

2. Competição por Talentos Globais:

- **Estratégias de Retenção:** Em um ambiente globalizado, reter talentos torna-se crucial, exigindo estratégias eficazes de retenção e desenvolvimento profissional.
- **Marca Empregadora Global:** Construir uma forte marca empregadora global é fundamental para atrair os melhores talentos em um cenário competitivo.

A colaboração global e o acesso a talentos diversificados não apenas ampliam as capacidades inovadoras das pequenas empresas, mas também as posicionam como participantes ativos em ecossistemas empresariais dinâmicos e interconectados em escala global. Essa abordagem não apenas impulsiona a inovação, mas também cria oportunidades para crescimento sustentável em mercados diversos.

5. Personalização e Experiência do Cliente: Moldando o Futuro das Interações Empresariais

Personalização em Escala: Adaptação Contínua às Preferências Individuais

1. Ferramentas Avançadas de Personalização:

- **Análise Preditiva:** Utilizando análise preditiva e algoritmos avançados, as empresas podem antecipar as preferências dos clientes, oferecendo recomendações personalizadas de produtos e serviços.
- **Segmentação Dinâmica:** A segmentação de clientes é dinamicamente ajustada com base no comportamento e nas interações, garantindo comunicações mais relevantes ao longo do tempo.

2. Customização de Produtos e Serviços:

- **Plataformas de Configuração:** Ferramentas online permitem que os clientes personalizem produtos e serviços de acordo com suas preferências, criando uma experiência única e sob medida.
- **Inteligência Artificial no Design:** A inteligência artificial desempenha um papel vital na customização, sugerindo opções com base no histórico de compras e nas escolhas anteriores.

Experiências Imersivas: Transformando a Interação Cliente-Marca

1. Realidade Aumentada (AR) e Virtual (VR):

- **Provas Virtuais de Produtos:** A AR permite que os clientes experimentem produtos virtualmente antes da compra, melhorando a confiança e a tomada de decisões.

- **Ambientes Virtuais de Compra:** VR cria ambientes de compra virtuais, oferecendo uma experiência mais envolvente e imersiva, especialmente em setores como moda e decoração.

2. Gamificação para Engajamento:

- **Elementos Lúdicos:** Incorporar elementos de gamificação em experiências de compra torna a interação mais divertida e envolvente.
- **Recompensas Interativas:** Gamificação permite a criação de sistemas de recompensas interativas, incentivando a participação contínua e o envolvimento do cliente.

3. Assistentes Virtuais Personalizados:

- **Inteligência Contextual:** Assistentes virtuais utilizam inteligência contextual para entender melhor as necessidades dos clientes, oferecendo suporte personalizado e sugestões relevantes.
- **Integração Multicanal:** Esses assistentes estão integrados em vários canais, proporcionando uma experiência consistente ao longo de diferentes pontos de contato.

Desafios e Oportunidades:

1. Privacidade do Cliente:

- **Gestão Responsável de Dados:** A personalização intensiva requer uma gestão ética e responsável dos dados do cliente, garantindo a privacidade e a conformidade com regulamentações.

2. Inclusão e Acessibilidade:

- **Design Inclusivo:** Garantir que as experiências personalizadas sejam inclusivas, considerando diferentes perfis de usuários e necessidades de acessibilidade.
- **Educação do Cliente:** Educar os clientes sobre as vantagens da personalização enquanto respeita as preocupações com privacidade é crucial.

3. Inovação Contínua:

- **Acompanhamento Tecnológico:** Manter-se atualizado com as últimas tecnologias é vital para sustentar estratégias de personalização e experiência do cliente.
- **Feedback Iterativo:** A inovação contínua é alimentada pelo feedback constante dos clientes, permitindo ajustes rápidos para atender às suas expectativas em evolução.

A personalização em escala e experiências imersivas não são apenas tendências passageiras, mas fundamentos essenciais para a construção de relacionamentos duradouros entre as empresas e seus clientes. Ao integrar tecnologias avançadas e estratégias inovadoras, as pequenas empresas podem se destacar no mercado, oferecendo experiências únicas e personalizadas que ressoam com as expectativas em constante evolução dos consumidores.

6. Resiliência Empresarial: Navegando pelas Incertezas com Inovação

Gestão de Riscos: Adaptação à Complexidade do Ambiente Empresarial

1. Inovação na Gestão de Riscos:

- **Análise Preditiva de Riscos:** A integração de análises preditivas e tecnologias avançadas permite uma avaliação proativa de riscos potenciais, antecipando desafios antes que se tornem crises.

- **Modelagem de Cenários:** Empresas inovadoras adotam modelos de simulação de cenários para entender e mitigar os impactos de eventos adversos, garantindo respostas ágeis a situações imprevistas.

2. Estratégias de Continuidade de Negócios:

- **Planos de Contingência Dinâmicos:** Planos de continuidade de negócios são atualizados regularmente, incorporando aprendizados de crises anteriores e ajustando-se às mudanças nas condições do mercado.
- **Tecnologia como Facilitadora:** A tecnologia desempenha um papel fundamental na criação de estratégias de continuidade, facilitando a operação remota, a colaboração virtual e a manutenção da eficiência durante períodos desafiadores.

Modelos de Negócios Adaptáveis: Flexibilidade como Chave para a Sobrevivência

1. Flexibilidade Estratégica:

- **Diversificação Controlada:** Empresas inovadoras diversificam suas ofertas de produtos e serviços de maneira controlada, explorando novos mercados sem comprometer a estabilidade operacional.
- **Estratégias Multicanal:** Adoção de estratégias multicanal que permitem ajustes rápidos com base nas mudanças nas preferências do cliente e nas condições do mercado.

2. Agilidade Organizacional:

- **Estruturas Organizacionais Adaptáveis:** Estruturas organizacionais são projetadas para se adaptar

rapidamente, incorporando equipes multifuncionais e processos de tomada de decisão ágeis.
- **Cultura de Inovação:** Uma cultura organizacional voltada para a inovação estimula a experimentação e a adaptação contínua, permitindo que as empresas aprendam rapidamente com as mudanças.

3. Tecnologia como Facilitadora da Adaptabilidade:

- **Sistemas Modulares e Escaláveis:** Adoção de sistemas modulares e escaláveis que podem ser ajustados conforme necessário, facilitando a expansão ou a redução das operações com eficiência.
- **Integração de Tecnologias Emergentes:** Incorporação de tecnologias emergentes, como inteligência artificial e automação, para otimizar processos e garantir flexibilidade operacional.

Desafios e Oportunidades:

1. Identificação Antecipada de Tendências Disruptivas:

- **Monitoramento Constante:** A identificação antecipada de tendências disruptivas requer monitoramento constante do ambiente de negócios, buscando sinais de mudanças significativas.
- **Parcerias Estratégicas:** Parcerias com empresas inovadoras e observatórios de tendências facilitam a identificação de mudanças no mercado.

2. Mudança Cultural e Organizacional:

- **Liderança Resiliente:** Líderes resilientes desempenham um papel crucial na construção de uma cultura organizacional que abraça a mudança e responde proativamente a desafios.
- **Aprendizado Contínuo:** A capacidade de aprendizado contínuo torna-se um diferencial, promovendo a adaptação e a evolução constante.

Inovação: A Arte de Transformar Ideias em Valor

A resiliência empresarial não é apenas a capacidade de superar desafios, mas a habilidade de se antecipar a eles e se adaptar proativamente. Empresas inovadoras reconhecem que a resiliência é uma vantagem estratégica e investem em práticas que fortalecem sua capacidade de enfrentar a complexidade do ambiente de negócios em constante mudança.

7. Educação e Desenvolvimento Contínuo: Capacitando Equipes para o Futuro

Cultura de Aprendizado: Construindo Organizações que Valorizam a Educação

1. Aprendizado Contínuo como Valor Fundamental:

- **Fomento à Curiosidade:** Promover a curiosidade e a busca pelo conhecimento é crucial para criar uma cultura de aprendizado contínuo, onde os membros da equipe estão motivados a se manterem atualizados.
- **Reconhecimento da Importância do Desenvolvimento Pessoal:** Empresas inovadoras reconhecem que o desenvolvimento pessoal dos funcionários está intrinsecamente ligado ao sucesso organizacional.

2. Incentivo à Experimentação e Inovação:

- **Espaço para Experimentação:** Criar um ambiente que incentive a experimentação e a tomada de riscos no aprendizado permite que as equipes testem novas ideias e abordagens.
- **Aprendizado com Fracassos:** Uma cultura que vê os fracassos como oportunidades de aprendizado promove uma mentalidade de inovação e resiliência.

Acesso a Recursos de Educação: Parcerias para Desenvolvimento Profissional

1. Colaboração com Instituições Educacionais:

- **Programas Customizados:** Parcerias estratégicas com instituições educacionais permitem o desenvolvimento de programas educacionais personalizados, alinhados às necessidades específicas da empresa.
- **Estímulo à Educação Continuada:** Oferecer incentivos para que os funcionários busquem educação continuada, como cursos, certificações e workshops, fortalece a expertise interna.

2. Plataformas Online e Recursos Acessíveis:

- **Acesso a Cursos Online:** Facilitar o acesso a plataformas online e cursos especializados oferece flexibilidade para os funcionários aprenderem no próprio ritmo, de acordo com suas responsabilidades profissionais.
- **Recursos Diversificados:** Além de cursos formais, proporcionar acesso a recursos diversificados, como webinars, blogs e podcasts, enriquece as opções de aprendizado.

Desafios e Oportunidades:

1. Mudança de Mindset Organizacional:

- **Liderança como Exemplo:** A liderança desempenha um papel crucial ao demonstrar um compromisso ativo com o aprendizado contínuo, influenciando positivamente toda a organização.
- **Desconstrução de Barreiras Hierárquicas:** Remover barreiras hierárquicas que podem inibir a troca de conhecimento entre diferentes níveis organizacionais.

2. Adaptação a Mudanças Tecnológicas:

- **Atualização Constante de Habilidades:** As mudanças tecnológicas rápidas exigem uma atualização constante de habilidades; portanto, estratégias de aprendizado ágeis são necessárias.
- **Aprendizado Colaborativo:** Incentivar a aprendizagem colaborativa, onde as equipes compartilham conhecimentos e experiências, ajuda na rápida absorção de novas tecnologias.

3. Medição do Impacto do Desenvolvimento Profissional:

- **Avaliação de Resultados:** Implementar métricas que avaliem o impacto do desenvolvimento profissional nas metas da empresa, garantindo que o aprendizado contribua efetivamente para o sucesso organizacional.
- **Feedback Contínuo:** Estabelecer mecanismos de feedback contínuo ajuda a ajustar estratégias de desenvolvimento profissional com base nas necessidades reais da organização.

Investir na educação e desenvolvimento contínuo não apenas fortalece as habilidades individuais, mas também impulsiona a capacidade coletiva da organização de se adaptar, inovar e prosperar em um ambiente de negócios em constante evolução.

8. Ética na Inovação: Navegando com Integridade no Mundo da Inovação

Abordagens Éticas: Fundamentos para Inovação Sustentável

1. Considerações Éticas Integradas:

- **Análise de Impacto Ético:** Antes de implementar inovações, as empresas realizarão análises abrangentes dos impactos éticos potenciais, considerando questões como privacidade, equidade e segurança.

- **Comitês de Ética e Revisão Independente:** A criação de comitês de ética e a busca por revisões independentes ajudarão a garantir uma avaliação imparcial e ética de novas iniciativas.

2. Responsabilidade Social Corporativa (RSC):

- **Alinhamento com Valores Fundamentais:** A inovação será alinhada aos valores fundamentais da empresa, com um compromisso claro com a responsabilidade social corporativa, abordando questões sociais e ambientais.
- **Relatórios de Impacto Social e Ambiental:** A prestação de contas será evidenciada por relatórios transparentes sobre o impacto social e ambiental das inovações implementadas.

Transparência e Confiança: A Base para Relações Duradouras

1. Comunicação Clara sobre Práticas de Inovação:

- **Divulgação de Processos Decisórios:** Empresas inovadoras comunicarão de maneira transparente como são tomadas as decisões relacionadas à inovação, demonstrando uma abordagem aberta e inclusiva.
- **Compartilhamento de Informações Relevantes:** Informações relevantes sobre o desenvolvimento de novas tecnologias e produtos serão compartilhadas com o público, promovendo uma compreensão mais profunda.

2. Privacidade e Proteção de Dados:

- **Design Ético de Sistemas:** As empresas adotarão princípios de design ético, garantindo que a privacidade e a proteção de dados sejam consideradas desde a concepção de novas soluções.

Inovação: A Arte de Transformar Ideias em Valor

- **Controles de Consentimento e Transparência:** Mecanismos claros de consentimento e comunicação transparente sobre o uso de dados garantirão a confiança dos usuários.

Desafios e Oportunidades:

1. Educação e Sensibilização:

- **Treinamento Ético Contínuo:** Implementação de programas de treinamento ético contínuo para garantir que todos os membros da equipe estejam cientes das implicações éticas de suas ações.
- **Conscientização do Consumidor:** Educação dos consumidores sobre os padrões éticos adotados, construindo uma base de clientes que valorizam práticas éticas.

2. Desenvolvimento de Padrões Éticos da Indústria:

- **Colaboração para Padrões Compartilhados:** Empresas inovadoras colaborarão para estabelecer padrões éticos compartilhados na indústria, garantindo que a inovação seja guiada por princípios éticos universalmente aceitos.
- **Certificações Éticas:** O desenvolvimento e reconhecimento de certificações éticas para práticas inovadoras ajudarão a distinguir empresas comprometidas com a integridade.

3. Resposta Ética a Desafios Emergentes:

- **Mobilidade Ágil em Respostas Éticas:** A capacidade de responder de forma ágil a desafios éticos emergentes será um diferencial, demonstrando flexibilidade e sensibilidade às preocupações da sociedade.
- **Diálogo Aberto com Stakeholders:** O estabelecimento de diálogo aberto com partes

interessadas, incluindo consumidores, ativistas e especialistas em ética, permitirá uma abordagem colaborativa para resolver dilemas éticos complexos.

A ética na inovação não é apenas uma escolha moral, mas um imperativo estratégico. Empresas que priorizam valores éticos não apenas evitam riscos legais e reputacionais, mas também constroem relações mais sólidas com consumidores e parceiros, impulsionando a sustentabilidade a longo prazo.

À medida que as pequenas empresas se preparam para o futuro da inovação, a agilidade, a visão estratégica e a capacidade de abraçar mudanças tornar-se-ão os pilares fundamentais do sucesso. Este capítulo oferece um olhar provocador sobre as tendências que moldarão o cenário da inovação, capacitando as pequenas empresas a prosperarem em um ambiente empresarial dinâmico e repleto de oportunidades.

Desafios Contínuos: Abordagem de Desafios Potenciais e Como Superá-los

As pequenas empresas, apesar de sua agilidade e capacidade de inovação, enfrentam uma série de desafios contínuos que podem impactar seu crescimento e sucesso a longo prazo. Identificar esses desafios e adotar estratégias para superá-los é crucial para garantir a resiliência e sustentabilidade. Aqui estão alguns desafios comuns e abordagens para enfrentá-los:

1. **Restrições Orçamentárias:**
   - **Abordagem:** Maximizar a eficiência operacional é essencial. Priorizar investimentos em áreas críticas para o crescimento, explorar opções de financiamento específicas para inovação e buscar parcerias estratégicas podem ajudar a mitigar as restrições orçamentárias.
2. **Competição Intensa:**

- o **Abordagem:** Diferênciação é a chave. Investir em pesquisa de mercado para entender as necessidades dos clientes, focar em propostas de valor únicas e inovações que se destaquem no mercado são estratégias eficazes para superar a concorrência.

3. **Riscos Tecnológicos:**
   - o **Abordagem:** Manter-se atualizado com as tendências tecnológicas é crucial. Investir em treinamento para a equipe, estabelecer parcerias com especialistas em tecnologia e adotar uma abordagem iterativa ao implementar novas soluções tecnológicas pode reduzir os riscos.

4. **Atrair e Reter Talentos:**
   - o **Abordagem:** Criar uma cultura de trabalho atraente, oferecer oportunidades de desenvolvimento profissional, implementar programas de incentivo e reconhecimento, e construir uma marca empregadora forte são estratégias para atrair e reter talentos qualificados.

5. **Adaptação a Mudanças no Mercado:**
   - o **Abordagem:** Monitorar de perto as tendências do mercado, manter a flexibilidade nas operações e estar disposto a ajustar estratégias conforme necessário são elementos-chave para se adaptar a mudanças rápidas no ambiente de negócios.

6. **Desafios Regulatórios:**
   - o **Abordagem:** Manter-se atualizado sobre regulamentações relevantes, buscar aconselhamento jurídico quando necessário e participar ativamente em associações do setor podem ajudar as pequenas empresas a enfrentar desafios regulatórios.

7. **Gestão de Riscos e Tolerância ao Fracasso:**
   - o **Abordagem:** Promover uma cultura que aceite o risco como parte do processo inovador é

essencial. Implementar estratégias de gestão de riscos, aprendendo com os fracassos e celebrando os sucessos, mesmo os pequenos, contribuem para uma mentalidade mais tolerante ao risco.

8. **Mudanças nas Preferências do Consumidor:**
    - **Abordagem:** Ficar atento às mudanças nas preferências do consumidor, investir em pesquisa de mercado contínua, coletar feedback regular dos clientes e adaptar produtos e serviços conforme necessário são estratégias para manter a relevância.

Ao enfrentar esses desafios com uma mentalidade proativa, as pequenas empresas podem transformar obstáculos em oportunidades. A flexibilidade, a capacidade de aprender com os desafios e a disposição para inovar continuamente são componentes essenciais para superar os desafios contínuos e prosperar em um ambiente empresarial dinâmico.

Conclusão: Inovação nas Pequenas Empresas - Construindo o Futuro Empresarial

Ao chegarmos ao fim desta jornada exploratória sobre a inovação nas pequenas empresas, é evidente que a capacidade de inovar é um pilar fundamental para o sucesso e a sustentabilidade nos ambientes empresariais dinâmicos e desafiadores. Recapitulando os conceitos-chave apresentados neste livro, podemos destacar os seguintes pontos principais:

1. Importância da Inovação para Pequenas Empresas:

- A inovação é vital para o crescimento, a adaptação às mudanças no mercado e a construção de vantagens competitivas duradouras.

2. Fundamentos da Inovação:

- A definição clara de inovação, compreendendo os tipos e entendendo o ciclo de vida da inovação, estabelece as bases para uma abordagem estratégica.

3. Cultura de Inovação:

- Criar uma cultura de inovação envolve promover a mentalidade criativa, aceitar riscos e tolerar o fracasso como parte do processo inovador.

4. Processo de Inovação para Pequenas Empresas:

- Desde a concepção até a implementação, o processo de inovação exige uma estrutura sólida e uma abordagem iterativa.

5. Financiamento da Inovação:

- Explorar diversas opções de financiamento, desde recursos internos até parcerias estratégicas e investidores, é crucial para apoiar iniciativas inovadoras.

6. Maximizando Recursos com Orçamento Limitado:

- Estratégias como foco na inovação incremental, colaboração e networking, aproveitamento de tecnologias acessíveis e envolvimento da comunidade ajudam a inovar de forma eficiente com recursos limitados.

7. Tendências Futuras:

- Antecipar e abraçar tendências como inteligência artificial, blockchain, experiências imersivas e sustentabilidade posicionam as pequenas empresas na vanguarda da inovação.

8. Desafios Contínuos:

- Identificar e superar desafios como restrições orçamentárias, competição intensa e gestão de riscos são cruciais para a resiliência e o crescimento sustentável.

Em Resumo: Neste livro, exploramos não apenas o que é inovação, mas como ela se torna uma força propulsora nas pequenas empresas. Desde os fundamentos até a aplicação prática, examinamos estratégias para construir uma cultura inovadora, financiar ideias inovadoras e enfrentar os desafios que fazem parte do cenário empresarial em constante evolução. Ao maximizar recursos, abraçar tendências futuras e superar obstáculos, as pequenas empresas têm o potencial não apenas de sobreviver, mas de prosperar e construir o futuro dos negócios.

Ao encerrar esta jornada, lembremos que a inovação é um processo contínuo, uma mentalidade que impulsiona a evolução. Que este livro sirva como um guia inspirador para empreendedores e líderes de pequenas empresas, capacitando-os a enfrentar os desafios, abraçar as oportunidades e, acima de tudo, inovar para construir um futuro empresarial promissor. Que a jornada da inovação continue, moldando não apenas as empresas, mas também o panorama global dos negócios.

Mensagem de Incentivo à Ação e Encorajamento:

Caros leitores,

Ao concluírem esta jornada de descobertas sobre inovação nas pequenas empresas, vocês estão agora equipados com conhecimentos valiosos e estratégias essenciais para impulsionar o futuro de seus negócios. No entanto, o verdadeiro poder desse conhecimento reside na ação. O sucesso não é apenas compreender os conceitos, mas transformá-los em práticas tangíveis que moldarão o curso de seus empreendimentos.

Aqui está o desafio e o chamado à ação para cada um de vocês:

1. **Inicie a Conversa:**
   - Abra um diálogo dentro de sua equipe sobre a importância da inovação. Estimule a troca de ideias e promova um ambiente onde a criatividade floresça.
2. **Crie uma Cultura Inovadora:**
   - Implemente mudanças práticas para construir uma cultura que celebre a inovação. Desde programas de reconhecimento até oportunidades de treinamento, faça com que cada membro da equipe se sinta parte do processo inovador.
3. **Estabeleça um Processo de Inovação:**
   - Utilize os insights deste livro para estruturar um processo de inovação adaptado às necessidades exclusivas de sua empresa. Da concepção à implementação, cada etapa é uma oportunidade para o crescimento.
4. **Explore Opções de Financiamento:**
   - Avalie cuidadosamente as opções de financiamento apresentadas. Seja ousado na busca por recursos para transformar suas ideias inovadoras em realidade.
5. **Maximize Recursos com Inteligência:**
   - Implemente estratégias eficazes para inovar com eficiência, mesmo com orçamento limitado. Cada recurso, quando utilizado com sagacidade, pode ser um catalisador para a inovação.
6. **Esteja Atento às Tendências Futuras:**
   - Mantenha-se atualizado sobre as tendências emergentes. Esteja disposto a experimentar e integrar tecnologias inovadoras que possam diferenciar sua empresa no mercado.

7. **Encare Desafios como Oportunidades:**
   - Veja cada desafio como uma oportunidade de inovação. Abraçar o desconhecido é o primeiro passo para alcançar o extraordinário.

Lembrem-se, a verdadeira inovação não acontece apenas nas páginas de um livro, mas na aplicação prática de suas lições. Sejam os visionários, os pioneiros e os agentes da mudança em seus setores. Vocês têm o poder de não apenas conduzir seus negócios ao sucesso, mas de transformar o cenário empresarial como um todo.

A jornada rumo à inovação é desafiadora, mas cada passo que vocês derem será uma contribuição valiosa para o futuro de suas empresas. Avancem com coragem, criatividade e uma determinação inabalável. O mundo aguarda as inovações que só vocês podem oferecer.

Apêndice: Recursos Adicionais para Impulsionar a Inovação

1. **Modelo de Plano de Inovação:**
   - Utilize este modelo para estruturar um plano de inovação detalhado para sua empresa. Inclui seções para objetivos, estratégias, cronogramas e métricas de sucesso.
2. **Checklist de Cultura Inovadora:**
   - Avalie o estado atual da cultura de inovação em sua empresa com este checklist. Identifique áreas de melhoria e desenvolva estratégias para promover uma mentalidade inovadora.
3. **Matriz de Priorização de Ideias:**
   - Classifique e priorize as ideias de inovação com base em critérios como impacto potencial, viabilidade e alinhamento com os objetivos estratégicos.
4. **Guia de Implementação do Design Thinking:**

- o Este guia prático oferece uma visão passo a passo da abordagem do Design Thinking, uma metodologia eficaz para estimular a criatividade e resolver problemas complexos.

5. **Kit de Ferramentas de Brainstorming:**
   - o Inclui métodos e técnicas para conduzir sessões de brainstorming eficazes, estimulando a geração de ideias inovadoras em equipe.

6. **Mapa do Ciclo de Vida da Inovação:**
   - o Visualize o processo de inovação desde a concepção até a implementação com este mapa interativo, destacando áreas-chave e pontos de decisão.

7. **Guia de Avaliação de Riscos:**
   - o Identifique e avalie os riscos associados a projetos inovadores. Este guia inclui uma estrutura para análise de riscos e estratégias para mitigação.

8. **Lista de Subsídios Governamentais para P&D:**
   - o Explore esta lista de subsídios governamentais disponíveis para apoiar atividades de pesquisa e desenvolvimento (P&D) em pequenas empresas.

9. **Calculadora de Retorno sobre Investimento (ROI) em Inovação:**
   - o Estime o retorno financeiro potencial de projetos inovadores com esta calculadora, considerando investimentos e benefícios esperados.

10. **Diretrizes para Campanhas de Crowdfunding:**
   - o Prepare campanhas de crowdfunding eficazes com estas diretrizes, abordando estratégias de comunicação, recompensas e envolvimento da comunidade.

11. **Kit de Ferramentas Lean para Startups:**
   - o Implemente princípios Lean em seu processo de inovação com este kit de ferramentas, incluindo métodos para testes rápidos e iteração eficiente.

12. **Lista de Competições e Prêmios de Inovação:**

o Descubra oportunidades para participar de competições e concursos de inovação com esta lista atualizada, incluindo informações sobre prêmios e requisitos de inscrição.

Estes recursos foram projetados para facilitar a implementação prática de estratégias inovadoras em sua empresa. Utilize-os como guias, modelos e ferramentas para impulsionar sua jornada de inovação. Lembre-se, a aplicação diligente desses recursos pode fazer toda a diferença na transformação bem-sucedida de ideias inovadoras em realidade.

REFERÊNCIAS:

TIDD, J.; BESSANT, J. A Inovação na Prática: Bookman, 2015.

BROWN, T. Design Thinking: Uma Metodologia Poderosa para Decretar o Fim das Velhas Ideias.: Elsevier, 2010.

KIM, W. C.; MAUBORGNE, R. A Estratégia do Oceano Azul. Campus, 2005.

KELLEY, T.; LITTMAN, J. A Arte da Inovação. Campus, 2001.

RIES, E. Startup Enxuta. Leya, 2011.

KAHNEMAN, D. Pensando Rápido e Devagar. Objetiva, 2012.

TALEB, N. N. A Lógica do Cisne Negro. Best Seller, 2008.

Inovação: A Arte de Transformar Ideias em Valor

SOBRE O AUTOR

José Henrique Lopes

Com uma trajetória sólida, possuo anos de experiência dedicados ao atendimento de Microempreendedores Individuais (MEIs), Microempresas e empresas de pequeno porte. Empreendedor na Economia Criativa e Consultor especializado em Inovação, Gamificação e Captação de Recursos.

Minha atuação no projeto Agentes Locais de Inovação no SEBRAE/RS (2012-2014) foi essencial para disseminar a cultura de inovação em diversas empresas do Vale do Rio Pardo. Esse projeto foi reconhecido como exemplo de inovação no Encontro Nacional do SEBRAE em Brasília e São Paulo. Além disso, meu projeto de graduação foi selecionado para o Salão de Iniciação Científica da UFRGS 2010, na categoria economia criativa.

Minhas contribuições foram destacadas na matéria "Programa ALI traz benefícios financeiros e culturais para pequenas empresas" pela agência SEBRAE de Notícias, Revista Tempo de Agir, edição nº 19, pág. 26-28, e no Jornal do Comércio, edição nº 186-14, 15 e 16 de fevereiro de 2014, evidenciando o impacto positivo do meu atendimento.

Sou graduado em Administração (2010) pela Faculdade Dom Alberto, agregando conhecimentos sólidos e práticos ao longo da minha jornada profissional. Pós-graduado em Gestão de Qualidade e Inovação, destaco minha proficiência em indicadores-chave de desempenho (KPIs), métricas de mídia paga, Web Analytics (englobando Google Universal Analytics e Google Analytics 4) e Social Analytics em plataformas como Facebook, Instagram e YouTube.

Além disso, possuo expertise em tráfego pago, abrangendo Google Ads, YouTube Ads, Facebook Ads e Instagram Ads. Meu conhecimento se estende a áreas especializadas como Copyright, Neuromarketing, Gatilhos Mentais e Inteligência Artificial (IA).

Adicionalmente, possuo conhecimentos iniciais em SEO On-Page e Off-Page, Python, PowerBI e SQL Server. Essa diversidade de competências não apenas me capacita a compreender as nuances estratégicas, mas também a aplicar práticas eficazes para obter resultados consistentes em ambientes dinâmicos e inovadores.